BIBLIOTHÈQUE

DÉDIÉE

AUX PÈRES DE FAMILLE,

COMPOSÉE D'UN

CHOIX DES MEILLEURS OUVRAGES

FRANÇAIS ET ÉTRANGERS

EN PROSE ET EN VERS,

AVEC LES NOTES DE TOUS LES COMMENTATEURS,

ET DES NOTICES, ÉLOGES, ANALYSES,

PAR MM. ÉLOI JOHANNEAU, etc.

PARIS.

F. DALIBON ET Cie ÉDITEURS,

LIBRAIRES DE S. A. R. Mgr LE DUC DE NEMOURS,

COUR DES FONTAINES, N° 7.

M DCCC XXIX.

THÉATRE

CHOISI

DE LE SAGE.

IMPRIMERIE ET FONDERIE DE RIGNOUX,
RUE DES FRANCS-BOURGEOIS-S.-MICHEL, N° 8.

* Voir pour la Notice le tome Ier de Gil Blas.

THÉATRE
CHOISI
DE LE SAGE.

PRÉCÉDÉ D'UNE NOTICE

SUR LA VIE ET LES OUVRAGES DE LE SAGE*,

·PAR ÉLOI JOHANNEAU.

PARIS.
F. DALIBON ET Cie, ÉDITEURS,
LIBRAIRES DE S. A. R. MGR LE DUC DE NEMOURS,
COUR DES FONTAINES N° 7.

M DCCC XXIX.

CRISPIN
RIVAL DE SON MAITRE.
COMÉDIE

Représentée, pour la première fois, le 15 mars 1707.

PERSONNAGES.

ORONTE, bourgeois de Paris.
Mme ORONTE, sa femme.
ANGÉLIQUE, leur fille, promise à Damis.
VALÈRE, amant d'Angélique.
ORGON, père de Damis.
LISETTE, suivante d'Angélique.
CRISPIN, valet de Valère.
LA BRANCHE, valet de Damis.

La scène est à Paris.

CRISPIN
RIVAL DE SON MAITRE.
COMÉDIE.

SCÈNE PREMIÈRE.

VALÈRE, CRISPIN.

VALÈRE.

Ah ! te voilà, bourreau ?

CRISPIN.

Parlons sans emportement.

VALÈRE.

Coquin !

CRISPIN.

Laissons là, je vous prie, nos qualités... De quoi vous plaignez-vous ?

VALÈRE.

De quoi je me plains ? traître ! tu m'avois demandé congé pour huit jours, et il y a plus d'un mois que je ne t'ai vu. Est-ce ainsi qu'un valet doit servir ?

CRISPIN.

Parbleu ! monsieur, je vous sers comme

vous me payez. Il me semble que l'un n'a pas plus de sujet de se plaindre que l'autre.

VALÈRE.

Je voudrois bien savoir d'où tu peux venir.

CRISPIN.

Je viens de travailler à ma fortune. J'ai été en Touraine, avec un chevalier de mes amis, faire une petite expédition.

VALÈRE.

Quelle expédition ?

CRISPIN.

Lever un droit qu'il s'est acquis sur les gens de province par sa manière de jouer.

VALÈRE.

Tu viens donc fort à propos, car je n'ai point d'argent, et tu dois être en état de m'en prêter.

CRISPIN.

Non, monsieur. Nous n'avons pas fait une heureuse pêche. Le poisson a vu l'hameçon; il n'a point voulu mordre à l'appât.

VALÈRE.

Le bon fonds de garçon que voilà ! Écoute, Crispin, je veux bien te pardonner le passé; j'ai besoin de ton industrie.

CRISPIN.

Quelle clémence !

SCÈNE I.

VALÈRE.

Je suis dans un grand embarras.

CRISPIN.

Vos créanciers s'impatientent-ils? Ce gros marchand à qui vous avez fait un billet de neuf cents francs pour trente pistoles d'étoffe qu'il vous a fournie, auroit-il obtenu sentence contre vous?

VALÈRE.

Non.

CRISPIN.

Ah! j'entends. Cette généreuse marquise qui alla elle-même payer votre tailleur qui vous avoit fait assigner, a découvert que nous agissions de concert avec lui.

VALÈRE.

Ce n'est point cela, Crispin, je suis devenu amoureux.

CRISPIN.

Oh! oh!... Et de qui, par aventure?

VALÈRE.

D'Angélique, fille unique de M. Oronte.

CRISPIN.

Je la connois de vue. Peste! la jolie figure! Son père, si je ne me trompe, est un bourgeois qui demeure en ce logis, et qui est très riche.

VALÈRE.

Oui; il a trois grandes maisons dans les plus beaux quartiers de Paris.

CRISPIN.

L'adorable personne qu'Angélique!

VALÈRE.

De plus, il passe pour avoir de l'argent comptant.

CRISPIN.

Je connois tout l'excès de votre amour... Mais où en êtes-vous avec la petite fille? Elle sait vos sentiments?

VALÈRE.

Depuis huit jours, que j'ai un libre accès chez son père, j'ai si bien fait qu'elle me voit d'un œil favorable; mais Lisette sa femme de chambre m'apprit hier une nouvelle qui me met au désespoir.

CRISPIN.

Eh! que vous a-t-elle dit cette désespérante Lisette?

VALÈRE.

Que j'ai un rival; que M. Oronte a donné sa parole à un jeune homme de province, qui doit incessamment arriver à Paris pour épouser Angélique.

CRISPIN.

Et! qui est ce rival?

SCÈNE II.

VALÈRE.

C'est ce que je ne sais point encore. On appela Lisette dans le temps qu'elle me disoit cette fâcheuse nouvelle, et je fus obligé de me retirer sans apprendre son nom.

CRISPIN.

Nous avons bien la mine de n'être pas sitôt propriétaires des trois belles maisons de M. Oronte.

VALÈRE.

Va trouver Lisette de ma part. Parle-lui; après cela nous prendrons nos mesures.

CRISPIN.

Laissez-moi faire.

VALÈRE.

Je vais t'attendre au logis.

(Il sort.)

SCÈNE II.

CRISPIN, seul.

Que je suis las d'être valet ! Ah ! Crispin, c'est ta faute ! tu as toujours donné dans la bagatelle ; tu devrois présentement briller dans la finance... Avec l'esprit que j'ai, morbleu ! j'aurois déja fait plus d'une banqueroute.

SCÈNE III.

LA BRANCHE, CRISPIN.

LA BRANCHE, à part.

N'est-ce pas là Crispin?

CRISPIN, à part.

Est-ce là La Branche que je vois?

LA BRANCHE, à part.

C'est Crispin, c'est lui-même.

CRISPIN, à part.

C'est La Branche, ou je meure... (A La Branche.) L'heureuse rencontre! Que je t'embrasse, mon cher!... (Ils s'embrassent.) Franchement, ne te voyant plus paroître à Paris, je craignois que quelque arrêt de la cour ne t'en eût éloigné.

LA BRANCHE.

Ma foi, mon ami, je l'ai échappé belle, depuis que je ne t'ai vu. On m'a voulu donner de l'occupation sur mer; j'ai pensé être du dernier détachement de la Tournelle.

CRISPIN.

Tudieu!... qu'avois-tu donc fait?

LA BRANCHE.

Une nuit, je m'avisai d'arrêter, dans une rue détournée, un marchand étranger, pour lui demander par curiosité, des nouvelles de son pays. Comme il n'entendoit pas le français, il crut que je lui demandois la bourse. Il crie au voleur. Le guet vient : on me prend pour un fripon ; on me mène au Châtelet. J'y ai demeuré sept semaines.

CRISPIN.

Sept semaines !

LA BRANCHE.

J'y aurois demeuré bien davantage sans la nièce d'une revendeuse à la toilette.

CRISPIN.

Est-il vrai ?

LA BRANCHE.

On étoit furieusement prévenu contre moi ! Mais cette bonne amie se donna tant de mouvement qu'elle fit connoître mon innocence.

CRISPIN.

Il est bon d'avoir de puissants amis.

LA BRANCHE.

Cette aventure m'a fait faire des réflexions.

CRISPIN.

Je le crois. Tu n'est plus curieux de savoir des nouvelles des pays étrangers ?

LA BRANCHE.

Non, ventrebleu ! Je me suis remis dans le service... Et toi, Crispin, travailles-tu toujours.

CRISPIN.

Non, je suis comme toi, un fripon honoraire. Je suis rentré dans le service aussi ; mais je sers un maître sans biens, ce qui suppose un valet sans gages. Je ne suis pas trop content de ma condition.

LA BRANCHE.

Je le suis assez de la mienne, moi. Je demeure à Chartres ; j'y sers un jeune homme appelé Damis. C'est un aimable garçon : il aime le jeu, le vin, les femmes ; c'est un homme universel. Nous faisons ensemble toutes sortes de débauches. Cela m'amuse ; cela me détourne de malfaire.

CRISPIN.

L'innocente vie !

LA BRANCHE.

N'est-il pas vrai ?

CRISPIN.

Assurément. Mais, dis-moi, La Branche, qu'es-tu venu faire à Paris ? Où vas-tu ?

LA BRANCHE, lui montrant la maison de M. Oronte.

Je vais dans cette maison.

CRISPIN.

Chez M. Oronte ?

LA BRANCHE.

Sa fille est promise à Damis.

SCÈNE III.

CRISPIN.

Angélique est promise à ton maître ?

LA BRANCHE.

M. Orgon, père de Damis, étoit à Paris il y a quinze jours; j'y étois avec lui. Nous allâmes voir M. Oronte, qui est de ses anciens amis, et ils arrêtèrent entre eux ce mariage.

CRISPIN.

C'est donc une affaire résolue ?

LA BRANCHE.

Oui. Le contrat est déja signé des deux pères et de madame Oronte. La dot, qui est de vingt mille écus, en argent comptant, est toute prête : on n'attend que l'arrivée de Damis pour terminer la chose.

CRISPIN.

Ah, parbleu! cela étant, Valère mon maître n'a donc qu'à chercher fortune ailleurs.

LA BRANCHE.

Quoi! ton maître...

CRISPIN, l'interrompant.

Il est amoureux de cette même Angélique; mais puisque Damis...

LA BRANCHE, l'interrompant aussi.

Oh! Damis n'épousera point Angélique : il y a une petite difficulté.

CRISPIN.

Et quelle?

LA BRANCHE.

Pendant que son père le marioit ici, il s'est marié à Chartres, lui.

CRISPIN.

Comment donc?

LA BRANCHE.

Il aimoit une jeune personne, avec qui il avoit fait les choses de manière qu'au retour du bon homme Orgon il s'est fait en secret une assemblée de parents. La fille est de condition. Damis a été obligé de l'épouser.

CRISPIN.

Oh! cela change la thèse.

LA BRANCHE.

J'ai trouvé les habits de noce de mon maître tout faits. J'ai ordre de les emporter à Chartres, aussitôt que j'aurai vu monsieur et madame Oronte, et retiré la parole de M. Orgon!

CRISPIN.

Retirer la parole de M. Orgon!

LA BRANCHE.

C'est ce qui m'amène à Paris. (Voulant s'éloigner pour entrer chez M. Oronte.) Sans adieu, Crispin, nous nous reverrons.

CRISPIN, le retenant.

Attends, La Branche, attends, mon enfant. Il me vient une idée... Dis-moi un peu : ton maître est-il connu de M. Oronte ?

LA BRANCHE.

Ils ne se sont jamais vus.

CRISPIN.

Ventrebleu ! si tu voulois, il y auroit un beau coup à faire... Mais, après ton aventure du Châtelet, je crains que tu ne manques de courage.

LA BRANCHE.

Non, non, tu n'as qu'à dire. Une tempête essuyée n'empêche point un bon matelot de se remettre en mer. Parle ; de quoi s'agit-il ? Est-ce que tu voudrois faire passer ton maître pour Damis, et lui faire épouser ?...

CRISPIN, l'interrompant.

Mon maître ? fi donc ! voilà un plaisant gueux pour une fille comme Angélique ! Je lui destine un meilleur parti.

LA BRANCHE.

Qui donc ?

CRISPIN.

Moi.

LA BRANCHE.

Malepeste ! tu as raison ; cela n'est pas mal imaginé, au moins.

CRISPIN.

Je suis aussi amoureux d'elle.

LA BRANCHE.

J'approuve ton amour.

CRISPIN.

Je prendrai le nom de Damis.

LA BRANCHE.

C'est bien dit.

CRISPIN.

J'épouserai Angélique.

LA BRANCHE.

J'y consens.

CRISPIN.

Je toucherai la dot.

LA BRANCHE.

Fort bien.

CRISPIN.

Et je disparoîtrai avant qu'on en vienne aux éclaircissements.

LA BRANCHE.

Expliquons-nous mieux sur cet article.

CRISPIN.

Pourquoi?

LA BRANCHE.

Tu parles de disparoître avec la dot, sans faire mention de moi. Il y a quelque chose à corriger dans ce plan-là.

CRISPIN.

Oh! nous disparoîtrons ensemble.

SCÈNE III.

LA BRANCHE.

A cette condition-là, je te sers de croupier... Le coup, je l'avoue, est un peu hardi; mais mon audace se réveille, et je sens que je suis né pour les grandes choses. Où irons-nous cacher la dot?

CRISPIN.

Dans le fond de quelque province éloignée.

LA BRANCHE.

Je crois qu'elle sera mieux hors du royaume, Qu'en dis-tu?

CRISPIN.

C'est ce que nous verrons. Apprends-moi de quel caractère est M. Oronte.

LA BRANCHE.

C'est un bourgeois fort simple, un petit génie.

CRISPIN.

Et madame Oronte?

LA BRANCHE.

Une femme de vingt-cinq à soixante ans; une femme qui s'aime, et qui est d'un esprit tellement incertain, qu'elle croit, dans le même moment, le pour et le contre.

CRISPIN.

Cela suffit. Il faut à présent emprunter des habits pour...

LA BRANCHE, l'interrompant.

Tu peux te servir de ceux de mon maître... (Examinant la taille de Crispin.) Oui, justement, tu es à peu près de sa taille.

CRISPIN.

Peste ! il n'est pas mal fait.

LA BRANCHE.

Je vois sortir quelqu'un de chez M. Oronte... Allons dans mon auberge concerter l'exécution de notre entreprise.

CRISPIN.

Il faut auparavant que je coure au logis parler à Valère, et que je l'engage, par une fausse confidence, à ne point venir de quelques jours chez M. Oronte. Je t'aurai bientôt rejoint.

(Il sort d'un côté et La Branche de l'autre.)

SCÈNE IV.

ANGÉLIQUE, LISETTE.

ANGÉLIQUE.

Oui, Lisette, depuis que Valère m'a découvert sa passion, un secret chagrin me dévore, et je sens que si j'épouse Damis, il m'en coûtera le repos de ma vie.

LISETTE.

Voilà un dangereux homme que ce Valère !

SCÈNE IV.

ANGÉLIQUE.

Que je suis malheureuse!... Entre dans ma situation, Lisette. Que dois-je faire? Conseille-moi, je t'en conjure.

LISETTE.

Quel conseil pouvez-vous attendre de moi?

ANGÉLIQUE.

Celui que t'inspirera l'intérêt que tu prends à ce qui me touche.

LISETTE.

On ne peut vous donner que deux sortes de conseils; l'un d'oublier Valère, et l'autre de vous roidir contre l'autorité paternelle. Vous avez trop d'amour pour suivre le premier; j'ai la conscience trop délicate pour vous donner le second. Cela est embarrassant, comme vous voyez.

ANGÉLIQUE.

Ah! Lisette, tu me désespères.

LISETTE.

Attendez... Il me semble pourtant que l'on peut concilier votre amour et ma conscience... Oui, allons trouver votre mère.

ANGÉLIQUE.

Que lui dire?

LISETTE.

Avouons-lui tout. Elle aime qu'on la flatte, qu'on la caresse; flattons-la, caressons-la.

Dans le fond, elle a de l'amitié pour vous, et elle obligera peut-être M. Oronte à retirer sa parole.

ANGÉLIQUE.

Tu as raison, Lisette; mais je crains...
(Elle hésite.)

LISETTE.

Quoi?

ANGÉLIQUE.

Tu connois ma mère : son esprit a si peu de fermeté!

LISETTE.

Il est vrai qu'elle est toujours du sentiment de celui qui lui parle le dernier. N'importe, ne laissons pas de l'attirer dans notre parti... (Voyant approcher madame Oronte.) Mais je la vois... Retirez-vous pour un moment; vous reviendrez quand je vous en ferai signe.
(Angélique se retire au fond du théâtre.)

SCÈNE V.

Mme ORONTE, ANGÉLIQUE dans le fond;
LISETTE.

LISETTE, à part, sans faire semblant de voir madame Oronte.

Il faut convenir que madame Oronte est une des plus aimables femmes de Paris.

SCÈNE V.

MME ORONTE.

Vous êtes flatteuse, Lisette!

LISETTE avec une feinte surprise.

Ah! madame, je ne vous voyois pas... Ces paroles que vous venez d'entendre sont la suite d'un entretien que je viens d'avoir avec mademoiselle Angélique, au sujet de son mariage. « Vous avez, lui disois-je, la plus judicieuse « de toutes les mères, la plus raisonnable. »

MME ORONTE.

Effectivement, Lisette, je ne ressemble guère aux autres femmes; c'est toujours la raison qui me détermine.

LISETTE.

Sans doute.

MME ORONTE.

Je n'ai ni entêtement ni caprice...

LISETTE.

Et, avec cela, vous êtes la meilleure mère du monde. Je mets en fait que si votre fille avoit de la répugnance à épouser Damis, vous ne voudriez pas contraindre là dessus son inclination.

MME ORONTE.

Moi, la contraindre? moi, gêner ma fille? A Dieu ne plaise que je fasse la moindre violence à ses sentiments! Dites-moi, Lisette, auroit-elle de l'aversion pour Damis?

LISETTE.

Eh ! mais...

(Elle hésite.)

MME ORONTE.

Ne me cachez rien.

LISETTE.

Puisque vous voulez savoir les choses, madame, je vous dirai qu'elle a de la répugnance pour ce mariage.

MME ORONTE.

Elle a peut-être une passion dans le cœur?

LISETTE.

Oh! madame, c'est la règle. Quand une fille a de l'aversion pour un homme qu'on lui destine pour mari, cela suppose toujours qu'elle a de l'inclination pour un autre. Vous m'avez dit, par exemple, que vous haïssiez M. Oronte la première fois qu'on vous le proposa, parce que vous aimiez un officier qui mourut au siége de Candie.

MME ORONTE.

Il est vrai; et si ce pauvre garçon ne fût pas mort, je n'aurois jamais épousé M. Oronte.

LISETTE.

Hé bien, madame, mademoiselle votre fille est dans la même disposition où vous étiez avant le siége de Candie.

SCÈNE V.

Mme ORONTE.

Eh ! qui est donc le cavalier qui a trouvé le secret de lui plaire?

LISETTE.

C'est ce jeune gentilhomme qui vient jouer chez vous depuis quelques jours.

Mme ORONTE.

Qui? Valère?

LISETTE.

Lui-même.

Mme ORONTE.

A propos, vous m'en faites souvenir ; il nous regardoit hier, Angélique et moi, avec des yeux si passionnés... Êtes-vous bien assurée, Lisette, que c'est de ma fille qu'il est amoureux?

LISETTE, faisant signe à Angélique de s'approcher.

Oui, madame, il me l'a dit lui-même, et il m'a chargée de vous prier, de sa part, de trouver bon qu'il vienne en faire la demande.

ANGÉLIQUE, s'approchant, à madame Oronte.

Pardonnez, madame, si mes sentiments ne sont pas conformes aux vôtres ; mais vous savez...

Mme ORONTE, l'interrompant.

Je sais bien qu'une fille ne règle pas toujours les mouvements de son cœur sur les vues de ses parents ; mais je suis tendre, je suis bonne, j'entre dans vos peines; en un mot, j'agrée la recherche de Valère.

ANGÉLIQUE.

Je ne puis vous exprimer, madame, tout le ressentiment que j'ai de vos bontés.

LISETTE, à madame Oronte.

Ce n'est pas assez, madame, M. Oronte est un petit opiniâtre; si vous ne soutenez pas avec vigueur...

MME ORONTE, l'interrompant.

Oh! n'ayez point d'inquiétude là dessus, je prends Valère sous ma protection; ma fille n'aura point d'autre époux que lui; c'est moi qui vous le dis... (Apercevant M. Oronte.) Mon mari vient. Vous allez voir de quel ton je vais lui parler.

SCÈNE VI.

M. ORONTE, MME ORONTE, ANGÉLIQUE, LISETTE.

MME ORONTE, à son mari.

Vous venez fort à propos, monsieur; j'ai à vous dire que je ne suis plus dans le dessein de marier ma fille avec Damis.

M. ORONTE.

Ah, ah! peut-on savoir, madame, pourquoi vous avez changé de résolution?

SCÈNE VI.

Mᵐᵉ ORONTE.

C'est qu'il se présente un meilleur parti pour Angélique. Valère la demande. Il n'est pas à la vérité si riche que Damis; mais il est gentilhomme; et, en faveur de sa noblesse, nous devons lui passer son peu de bien.

LISETTE, bas.

Bon !

M. ORONTE, à sa femme.

J'estime Valère; et sans faire attention à son peu de bien, je lui donnerois très volontiers ma fille, si je le pouvois avec honneur; mais cela ne se peut pas, madame.

Mᵐᵉ ORONTE.

D'où vient, monsieur ?

M. ORONTE.

D'où vient? Voulez-vous que nous manquions de parole à M. Orgon, notre ancien ami ? Avez-vous quelque sujet de vous plaindre de lui ?

Mᵐᵉ ORONTE.

Non.

LISETTE, bas.

Courage! ne mollissez point.

M. ORONTE, à sa femme.

Pourquoi donc lui faire un pareil affront? Songez que le contrat est signé, que tous les préparatifs sont faits, et que nous n'attendons que Damis. La chose n'est-elle pas trop avancée pour s'en dédire?

MME ORONTE.

Effectivement, je n'avois pas fait toutes ces réflexions.

LISETTE, à part.

Adieu, la girouette va tourner.

M. ORONTE, à sa femme.

Vous êtes trop raisonnable, madame, pour vouloir vous opposer à ce mariage.

MME ORONTE.

Oh! je ne m'y oppose pas.

LISETTE, à part.

Mort de ma vie! Est-ce là une femme? Elle ne contredit point.

MME ORONTE.

Vous le voyez, Lisette, j'ai fait ce que j'ai pu pour Valère.

LISETTE, ironiquement.

Oui, vraiment, voilà un amant bien protégé!

M. ORONTE, voyant paroître La Branche.

J'aperçois le valet de Damis.

SCÈNE VII.

LA BRANCHE, M. ORONTE, Mme ORONTE, ANGÉLIQUE, LISETTE.

LA BRANCHE, à M. et à Mme Oronte.

Très humble serviteur à monsieur et à madame Oronte... (A Angélique.) Serviteur très humble à mademoiselle Angélique... (A Lisette.) Bonjour, Lisette.

M. ORONTE.

Hé bien, La Branche, quelle nouvelle?

LA BRANCHE.

Monsieur Damis, votre gendre et mon maître, vient d'arriver de Chartres. Il marche sur mes pas; j'ai pris les devants pour vous en avertir.

ANGÉLIQUE, à part.

O ciel!

M. ORONTE, à La Branche.

Je l'attendois avec impatience... Mais pourquoi n'est-il pas venu tout droit chez moi? Dans les termes où nous en sommes, doit-il faire ces façons-là?

LA BRANCHE.

Oh! monsieur, il sait trop bien vivre pour en user si familièrement avec vous. C'est le garçon de France qui a les meilleures manières;

quoique je sois son valet, je n'en puis dire que du bien.

Mme ORONTE.

Est-il poli ? est-il sage ?

LA BRANCHE.

S'il est sage, madame ? Il a été élevé avec la plus brillante jeunesse de Paris. Tudieu ! c'est une tête bien sensée.

M. ORONTE.

Et M. Orgon, n'est-il pas avec lui ?

LA BRANCHE.

Non, monsieur. De vives atteintes de goutte l'ont empêché de se mettre en chemin.

M. ORONTE.

Le pauvre bon homme !

LA BRANCHE.

Cela l'a pris subitement la veille de notre départ.

(Il tire une lettre de sa poche, et la donne à M. Oronte.)

M. ORONTE, prenant la lettre et lisant le dessus.

« A M. Craquet[1], médecin, dans la rue du « Sépulcre. »

---

[1] *M. Craquet*, médecin dans la rue du Sépulcre ; *M. Bredouillet*, avocat au *parlement*, rue des *Mauvaises-Paroles* ; *M. Gourmandin*, chanoine, ont des noms trop significatifs et trop plaisants, pour qu'il soit besoin de les expliquer : il suffit de les faire remarquer. E. J.

SCENE VII.

LA BRANCHE, reprenant la lettre.

Ce n'est point cela, monsieur.

M. ORONTE, riant.

Voilà un médecin qui loge dans le quartier de ses malades.

LA BRANCHE, tirant plusieurs lettres de sa poche, et en lisant les adresses.

J'ai plusieurs lettres que je me suis chargé de rendre à leurs adresses... Voyons celle-ci... (Il lit.) « A M. Bredouillet, avocat au parle-
« ment, rue des Mauvaises-Paroles... » Ce n'est point encore cela; passons à l'autre... (Il lit.) « A M. Gourmandin, chanoine de... » Ouais! je ne trouverai point celle que je cherche... (Il lit.) « A M. Oronte... » Ah! voici la lettre de « de M. Orgon... (Il donne cette dernière lettre à M. Oronte.) Il l'a écrite d'une main si tremblante, que vous n'en reconnoîtrez pas l'écriture.

M. ORONTE.

En effet, elle n'est pas reconnoissable.

LA BRANCHE.

La goutte est un terrible mal!... Le ciel vous en veuille préserver, aussi bien que madame Oronte, mademoiselle Angélique, Lisette et toute la compagnie.

M. ORONTE, ouvrant la lettre et la lisant.

« Je me disposois à partir avec Damis; mais
« la goutte m'en a empêché; néanmoins, comme

« ma présence n'est point absolument néces-
« saire à Paris, je n'ai pas voulu que mon in-
« disposition retardât un mariage qui fait ma
« plus chère envie, et toute la consolation de
« ma vieillesse. Je vous envoie mon fils ; ser-
« vez-lui de père, comme à votre fille. Je trou-
» verai bon tout ce que vous ferez. »

« De Chartres.

« Votre affectionné serviteur,

« ORGON. »

(Après avoir lu.) Que je le plains!... (Voyant paroître Crispin, vêtu des habits de Damis.) Mais, qui
est ce jeune homme qui s'avance? Ne seroit-ce
point Damis?

LA BRANCHE.

C'est lui-même... (A madame Oronte.) Qu'en
dites-vous, madame? n'a-t-il pas un air qui
prévient en sa faveur?

MME ORONTE.

Il n'est pas mal fait, vraiment!

SCÈNE VIII.

CRISPIN, M. ORONTE, MME ORONTE, ANGÉLIQUE,
LISETTE, LA BRANCHE.

CRISPIN, à La Branche.

La Branche!

LA BRANCHE.

Monsieur!

SCÈNE VIII.

CRISPIN, montrant M. Oronte.

Est-ce là M. Oronte, mon illustre beau-père?

LA BRANCHE.

Oui; vous le voyez, en propre original!

M. ORONTE, à Crispin, en l'embrassant.

Soyez le bien venu, mon gendre, embrassez-moi.

CRISPIN, embrassant M. Oronte.

Ma joie est extrême de pouvoir vous témoigner l'extrême joie que j'ai de vous embrasser... (Montrant madame Oronte.) Voilà, sans doute, l'aimable enfant qui m'est destinée?

M. ORONTE.

Non, mon gendre, c'est ma femme... (Lui montrant Angélique.) Voici ma fille Angélique.

CRISPIN.

Malepeste! la jolie famille! je ferois volontiers ma femme de l'une et ma maîtresse de l'autre.

Mme ORONTE.

Cela est trop galant!... (Bas à Lisette.) Il paroît avoir de l'esprit, Lisette.

LISETTE, bas.

Et du goût même!

CRISPIN, à madame Oronte.

Quel air! quelle grace! quelle noble fierté! Ventrebleu! madame, vous êtes tout adorable!

3.

mon père me le disoit bien : « Tu verras madame Oronte; c'est la beauté la plus piquante ! »

MME ORONTE.

Fi donc !

CRISPIN.

« La plus désag... Je voudrois, disoit-il, qu'elle fût veuve; je l'aurois bientôt épousée. »

M. ORONTE, riant.

Je lui suis, parbleu, bien obligé.

MME ORONTE, à Crispin.

Je l'estime infiniment, monsieur votre père... Que je suis fâchée qu'il n'ait pu venir avec vous !

CRISPIN.

Qu'il est mortifié de ne pouvoir être de la noce ! Il se promettoit bien de danser la bourrée avec madame Oronte.

LA BRANCHE, à M. Oronte.

Il vous prie d'achever promptement ce mariage, car il a une furieuse impatience d'avoir sa bru auprès de lui.

M. ORONTE.

Hé mais, toutes les conditions sont arrêtées entre nous et signées. Il ne reste plus qu'à terminer la chose et compter la dot.

CRISPIN.

Compter la dot ! Oui, c'est fort bien dit. (A La Branche.) La Branche !..... (A M. Oronte.) Permettez que je donne une commission à mon valet..... (A La Branche.) Va chez le marquis.... (Bas.) Va-t'en arrêter des chevaux pour cette nuit... Tu m'entends ?... (Haut.) Et tu lui diras que je lui baise les mains.

LA BRANCHE, sortant.

J'y vole.

SCÈNE IX.

M. ORONTE, Mme ORONTE, ANGÉLIQUE, LISETTE, CRISPIN.

M. ORONTE, à Crispin.

Revenons à votre père. Je suis très affligé de son indisposition ; mais satisfaites, je vous prie, ma curiosité. Dites-moi un peu des nouvelles de son procès ?

CRISPIN, embarrassé et appelant.

La Branche !

M. ORONTE.

Vous êtes bien ému, qu'avez-vous ?

CRISPIN, à part.

Maugrebleu de la question !... (A M. Oronte.) J'ai oublié de charger La Branche... (A part.) Il devoit bien me parler de ce procès-là !

M. ORONTE.

Il reviendra... Eh bien ! ce procès a-t-il enfin été jugé ?

CRISPIN.

Oui, Dieu merci, l'affaire en est faite.

M. ORONTE.

Et vous l'avez gagné?

CRISPIN.

Avec dépens.

M. ORONTE.

J'en suis ravi, je vous assure!

MME ORONTE.

Le ciel en soit loué!

CRISPIN.

Mon père avoit cette affaire à cœur; il auroit donné tout son bien aux juges plutôt que d'en avoir le démenti.

M. ORONTE.

Ma foi, cette affaire lui a bien coûté de l'argent, n'est-ce pas?

CRISPIN.

Je vous en réponds... Mais la justice est une si belle chose, qu'on ne sauroit trop l'acheter!

M. ORONTE.

J'en conviens. Mais outre cela ce procès lui a bien donné de la peine.

CRISPIN.

Oh! cela n'est pas concevable. Il avoit affaire au plus grand chicaneur, au moins raisonnable de tous les hommes.

M. ORONTE.

Qu'appelez-vous de tous les hommes? Il m'a dit que sa partie étoit une femme.

CRISPIN.

Oui, sa partie étoit une femme, d'accord; mais cette femme avoit dans ses intérêts un certain vieux Normand qui lui donnoit des conseils. C'est cet homme-là qui a bien fait de la peine à mon père... Mais changeons de discours; laissons là les procès: je ne veux m'occuper que de mon mariage, et que du plaisir de voir madame Oronte.

M. ORONTE.

Hé bien, allons, mon gendre, entrons: je vais ordonner les apprêts de vos noces.

CRISPIN à madame Oronte, en lui présentant la main.

Madame!

Mme ORONTE, à Angélique.

Vous n'êtes pas à plaindre, ma fille; Damis a du mérite.

(Monsieur et madame Oronte entrent chez eux avec Crispin.)

SCÈNE X.

ANGÉLIQUE, LISETTE.

ANGÉLIQUE.

Hélas! que vais-je devenir?

LISETTE.

Vous allez devenir femme de M. Damis; cela n'est pas difficile à deviner.

ANGÉLIQUE, pleurant.

Ah! Lisette, tu sais mes sentiments, montre-toi sensible à mes peines.

LISETTE, pleurant aussi.

La pauvre enfant!

ANGÉLIQUE.

Auras-tu la dureté de m'abandonner à mon sort?

LISETTE.

Vous me fendez le cœur.

ANGÉLIQUE.

Lisette, ma chère Lisette!

LISETTE.

Ne m'en dites pas davantage. Je suis si touchée, que je pourrois bien vous donner quelque mauvais conseil; et je vous vois si affligée, que vous ne manqueriez pas de le suivre.

SCÈNE XI.

VALÈRE, ANGÉLIQUE, LISETTE.

VALÈRE, à part, dans le fond, sans voir d'abord Angélique.

Crispin m'a dit de ne point paroître ici de quelques jours, qu'il méditoit un stratagème; mais il ne m'a point expliqué ce que c'est. Je ne puis vivre dans cette incertitude.

SCÈNE XI.

LISETTE, à Angélique en apercevant Valère.

Valère vient.

VALÈRE, à part en apercevant aussi Angélique.

Je ne me trompe point... C'est elle-même... (A Angélique.) Belle Angélique ! de grace, apprenez-moi vous-même ma destinée. Quel sera le fruit... (Voyant Angélique et Lisette en pleurs.) Mais, quoi ! vous pleurez l'une et l'autre ?

LISETTE.

Eh ! oui, monsieur, nous pleurons, nous nous désespérons. Votre rival est arrivé.

VALÈRE.

Qu'est-ce que j'entends ?

LISETTE.

Et dès ce soir il épouse ma maîtresse.

VALÈRE.

Juste ciel !

LISETTE.

Si du moins après son mariage elle demeuroit à Paris ; passe encore : vous pourriez quelquefois tous deux pleurer vos déplaisirs ; mais, pour comble de chagrin, il faudra que vous pleuriez séparément.

VALÈRE.

J'en mourrai... Mais, Lisette, qui est donc cet héureux rival qui m'enlève ce que j'ai de plus cher au monde ?

LISETTE.

On le nomme Damis.

VALÈRE.

Damis?

LISETTE.

C'est un homme de Chartres.

VALÈRE.

Je connois tout ce pays-là, et je ne sache point qu'il y ait un autre Damis que le fils de M. Orgon.

LISETTE.

Justement; c'est le fils de M. Orgon qui est votre rival.

VALÈRE.

Ah! si nous n'avons que ce Damis à craindre, nous devons nous rassurer.

ANGÉLIQUE.

Que dites-vous, Valère?

VALÈRE.

Cessons de nous affliger, charmante Angélique; Damis, depuis huit jours, s'est marié à Chartres.

LISETTE.

Bon!

ANGÉLIQUE, à Valère.

Vous vous moquez, Valère? Damis est ici, qui s'apprête à recevoir ma main.

LISETTE, à Valère.

Il est en ce moment au logis avec monsieur et madame Oronte.

SCÈNE XII.

VALÈRE.

Damis est de mes amis ; et il n'y a pas huit jours qu'il m'a écrit... J'ai sa lettre chez moi.

ANGÉLIQUE.

Que vous mande-t-il?

VALÈRE.

Qu'il s'est marié secrètement à Chartres avec une fille de condition.

LISETTE.

Marié secrètement... Oh, oh! approfondissons un peu cette affaire. Il me paroît qu'elle en vaut bien la peine... Allez, monsieur, allez querir cette lettre, et ne perdez point de temps.

VALÈRE.

Dans un moment je suis de retour. (Il sort.)

SCÈNE XII.

ANGÉLIQUE, LISETTE.

LISETTE.

Et nous, ne négligeons point cette nouvelle. Je suis fort trompée si nous n'en tirons pas quelque avantage. Elle nous servira du moins à faire suspendre pour quelque temps votre mariage... (A Angélique, en voyant paroître M. Oronte, qui a aperçu Valère s'éloigner.) Je vois venir M. Oronte : pendant que je la lui apprendrai, courez en faire part à madame votre mère.

(Angélique rentre.)

SCÈNE XIII.

M. ORONTE, LISETTE.

M. ORONTE.
Valère vient de vous quitter, Lisette ?
LISETTE.
Oui, monsieur; il vient de nous dire une chose qui vous surprendra, sur ma parole.
M. ORONTE.
Et quoi ?
LISETTE.
Par ma foi ! Damis est un plaisant homme de vouloir avoir deux femmes, pendant que tant d'honnêtes gens sont si fâchés d'en avoir une.
M. ORONTE.
Explique-toi, Lisette.
LISETTE.
Damis est marié : il a épousé secrètement une fille de Chartres, une fille de qualité.
M. ORONTE.
Bon ! cela se peut-il, Lisette ?
LISETTE.
Il n'y a rien de plus véritable, monsieur ;

SCÈNE XIII.

Damis l'a mandé lui-même à Valère, qui est son ami.

M. ORONTE.

Tu me contes une fable, te dis-je.

LISETTE.

Non, monsieur, je vous assure; Valère est allé querir la lettre : il ne tiendra qu'à vous de la voir.

M. ORONTE.

Encore un coup, je ne puis croire ce que tu dis.

LISETTE.

Eh! monsieur, pourquoi ne le croiriez-vous pas? Les jeunes gens ne sont-ils pas aujourd'hui capables de tout?

M. ORONTE.

Il est vrai qu'ils sont plus corrompus qu'ils ne l'étoient de mon temps.

LISETTE.

Que savons-nous si Damis n'est point un de ces petits scélérats qui ne se font point un scrupule de la pluralité des dots? Cependant la personne qu'il a épousée étant de condition, ce mariage clandestin aura des suites qui ne seront pas fort agréables pour vous.

M. ORONTE.

Ce que tu dis ne laisse pas de mériter qu'on y fasse quelque attention.

LISETTE.

Comment! quelque attention? Si j'étois à votre place, avant que de livrer ma fille, je voudrois du moins être éclairci de la chose.

M. ORONTE.

Tu as raison... (Apercevant La Branche.) Je vois paroître le valet de Damis; il faut que je le sonde finement... Retire-toi, Lisette, et me laisse avec lui.

LISETTE, à part, en s'en allant.

Si cette nouvelle pouvoit se confirmer!

SCÈNE XIV.

M. ORONTE, LA BRANCHE.

M. ORONTE.

Approche, La Branche; viens çà. Je te trouve une physionomie d'honnête homme.

LA BRANCHE.

Oh! monsieur, sans vanité, je suis encore plus honnête homme que ma physionomie.

M. ORONTE.

J'en suis bien aise... Écoute : ton maître a la mine d'un vert galant.

LA BRANCHE.

Tudieu! c'est un joli homme. Les femmes en sont folles! Il a un certain air libre qui les charme. M. Orgon, en le mariant, assure le repos de trente familles, pour le moins.

M. ORONTE.

Cela étant, je ne m'étonne point qu'il ait poussé à bout une fille de qualité.

LA BRANCHE.

Que dites-vous?

M. ORONTE.

Il faut, mon ami, que tu me confesses la vérité. Je sais tout : je sais que Damis est marié; qu'il a épousé une fille de Chartres.

LA BRANCHE, à part.

Ouf!

M. ORONTE.

Tu te troubles... Je vois qu'on m'a dit vrai : tu es un fripon.

LA BRANCHE.

Moi, monsieur?

M. ORONTE.

Oui, toi, pendard! Je suis instruit de votre dessein, et je prétends te faire punir, comme complice d'un projet si criminel.

LA BRANCHE.

Quel projet, monsieur? Que je meure si je comprends...

M. ORONTE, l'interrompant.

Tu feins d'ignorer ce que je veux dire, traître ! mais si tu ne me fais tout à l'heure un aveu sincère de toutes choses, je vais te mettre entre les mains de la justice.

LA BRANCHE.

Faites tout ce qu'il vous plaira, monsieur; je n'ai rien à vous avouer. J'ai beau donner la torture à mon esprit, je ne devine point le sujet de plaintes que vous pouvez avoir contre moi.

M. ORONTE.

Tu ne veux donc pas parler?... (Appelant.) Holà ! quelqu'un ! Qu'on me fasse venir un commissaire.

LA BRANCHE.

Attendez, monsieur, point de bruit. Tout innocent que je suis, vous le prenez sur un ton qui ne laisse pas d'embarrasser mon innocence. Allons, éclaircissons-nous tous deux de sang-froid. Çà, qui vous a dit que mon maître étoit marié ?

M. ORONTE.

Qui? il l'a mandé lui-même à un de ses amis, à Valère.

LA BRANCHE.

A Valère, dites-vous ?

M. ORONTE.

A Valère, oui. Que répondras-tu à cela ?

SCÈNE XIV.

LA BRANCHE, riant.

Rien.... Parbleu! le trait est excellent!....
(A part.) Ah, ah! M. Valère, vous ne vous y prenez pas mal, ma foi!

M. ORONTE.

Comment! Qu'est-ce que cela signifie?

LA BRANCHE, riant.

On nous l'avoit bien dit qu'il nous régaleroit tôt ou tard d'un plat de sa façon. Il n'y a pas manqué, comme vous voyez.

M. ORONTE.

Je ne vois point cela.

LA BRANCHE.

Vous l'allez voir, vous l'allez voir. Premièrement, ce Valère aime mademoiselle votre fille, je vous en avertis.

M. ORONTE.

Je le sais bien.

LA BRANCHE.

Lisette est dans ses intérêts. Elle entre dans toutes les mesures qu'il prend pour faire réussir sa recherche. Je vais parier que c'est elle qui vous aura débité ce mensonge-là.

M. ORONTE.

Il est vrai.

LA BRANCHE.

Dans l'embarras où l'arrivée de mon maître les a jetés tous deux, qu'ont-ils fait? Ils ont fait courir le bruit que Damis étoit marié. Valère même montre une lettre supposée, qu'il dit avoir reçue de mon maître ; et tout cela, vous m'entendez bien, pour suspendre le mariage d'Angélique.

M. ORONTE, à part.

Ce qu'il dit est assez vraisemblable.

LA BRANCHE.

Et pendant que vous approfondirez ce faux bruit, Lisette gagnera l'esprit de sa maîtresse, et lui fera faire quelque mauvais pas ; après quoi vous ne pourrez plus la refuser à Valère.

M. ORONTE, à part.

Hon, hon, ce raisonnement est assez raisonnable.

LA BRANCHE.

Mais, ma foi, les trompeurs seront trompés. M. Oronte est homme d'esprit, homme de tête ; ce n'est point à lui qu'il faut se jouer.

M. ORONTE.

Non, parbleu !

LA BRANCHE.

Vous savez toutes les rubriques du monde, toutes les ruses qu'un amant met en usage pour supplanter son rival.

M. ORONTE.

Je t'en réponds... Je vois bien que ton maître n'est point marié... Admirez un peu la fourberie de Valère! Il assure qu'il est intime ami de Damis, et je vais parier qu'ils ne se connoissent seulement pas.

LA BRANCHE.

Sans doute... Malepeste! monsieur, que vous êtes pénétrant! Comment! rien ne vous échappe.

M. ORONTE.

Je ne me trompe guère dans mes conjectures... (Voyant paroître Crispin.) J'aperçois ton maître, je veux rire avec lui de son prétendu mariage... (Riant.) Ha, ha, ha, ha!

LA BRANCHE, riant aussi.

Hé, hé, hé, hé, hé, hé, hé!

SCÈNE XV.

M. ORONTE, LA BRANCHE, CRISPIN.

M. ORONTE, à Crispin en riant.

Vous ne savez pas, mon gendre, ce que l'on dit de vous? Que cela est plaisant! On m'est venu donner avis, mais avis comme d'une chose assurée, que vous étiez marié. Vous avez, dit-on, épousé secrètement une fille de Chartres. Ha, ah, ah, ah! est-ce que vous ne trouvez pas cela plaisant?

LA BRANCHE, riant, et faisant des signes à Crispin.

Hé, hé, hé, hé! il n'y a rien de si plaisant!

CRISPIN.

Ho, ho, ho, ho! cela est tout-à-fait plaisant!

M. ORONTE.

Un autre, j'en suis sûr, seroit assez sot pour donner là dedans; mais moi, serviteur!

LA BRANCHE.

Oh diable! M. Oronte est un des plus gros génies!

CRISPIN.

Je voudrois savoir qui peut être l'auteur d'un bruit si ridicule.

LA BRANCHE.

Monsieur dit que c'est un gentilhomme appelé Valère.

CRISPIN, faisant l'étonné.

Valère! qui est cet homme-là?

LA BRANCHE, à M. Oronte.

Vous voyez bien, monsieur, qu'il ne le connoît pas... (à Crispin.) Hé, la, c'est ce jeune homme que tu sais... que vous savez, dis-je... qui est votre rival, à ce qu'on nous a dit.

CRISPIN.

Ah! oüi, oui, je m'en souviens, à telles enseignes qu'on nous a dit qu'il a peu de bien, et qu'il doit beaucoup; mais qu'il couche en joue la fille de M. Oronte, et que ses créanciers font des vœux très ardents pour la prospérité de ce mariage.

M. ORONTE.

Ils n'ont qu'à s'y attendre, vraiment! ils n'ont qu'à s'y attendre!

LA BRANCHE.

Il n'est pas sot, ce Valère, il n'est parbleu pas sot!

M. ORONTE.

Je ne suis pas bête, non plus; je ne suis palsembleu! pas bête; et pour le lui faire voir, je vais de ce pas chez mon notaire... (à Damis.) ou plutôt, Damis, j'ai une proposition à vous faire. Je suis convenu, je l'avoue, avec M. Orgon, de vous donner vingt mille écus en argent comptant; mais voulez-vous prendre, pour cette somme, ma maison du faubourg Saint-Germain? elle m'a coûté quatre-vingt mille francs à bâtir.

CRISPIN.

Je suis homme à tout prendre; mais, entre nous, j'aimerois mieux de l'argent comptant.

LA BRANCHE, à M. Oronte.

L'argent, comme vous savez, est plus portatif.

M. ORONTE.

Assurément.

CRIPIN.

Oui, cela, cela se met mieux dans une valise. C'est qu'il se vend une terre auprès de Chartres ; je voudrois bien l'acheter.

LA BRANCHE, à M. Oronte.

Ah ! monsieur, la belle acquisition ! Si vous aviez vu cette terre-là, vous en seriez charmé.

CRISPIN, à M. Oronte.

Je l'aurai pour vingt-cinq mille écus, et je suis assuré qu'elle en vaut bien soixante mille.

LA BRANCHE, à M. Oronte.

Du moins, monsieur, du moins. Comment ! sans parler du reste, il y a deux étangs où l'on pêche chaque année pour deux mille francs de goujons [1].

M. ORONTE, à Crispin.

Il ne faut pas laisser échapper une si belle occasion. Écoutez, j'ai chez mon notaire cinquante mille écus que je réservois pour acheter le château d'un certain financier qui va bientôt disparoître ; je veux vous en donner la moitié.

---

[1] *Goujons.* On voit que par ces deux étangs où l'on pêche chaque année pour deux mille francs de *goujons*, l'auteur veut faire sentir que le fripon de valet fait *avaler le goujon*, comme on dit, à ce niais d'Oronte.

E. J.

SCÈNE XVI.

CRISPIN embrassant M. Oronte.

Ah! quelle bonté, M. Oronte! je n'en perdrai jamais la mémoire; une éternelle reconnoissance... mon cœur... enfin j'en suis tout pénétré!

LA BRANCHE.

M. Oronte est le phénix des beaux-pères.

M. ORONTE.

Je vais vous quérir cet argent... Mai je rentre auparavant, pour donner cet avis à ma femme.

CRISPIN.

Les créanciers de Valère vont se pendre.

M. ORONTE.

Qu'ils se pendent. Je veux que dans une heure vous épousiez ma fille.

CRISPIN.

Ha, ah, ah! que cela sera plaisant!

LA BRANCHE.

Oui, oui, c'est cela qui sera tout-à-fait drôle!

(M. Oronte sort.)

SCÈNE XVI.

CRISPIN, LA BRANCHE.

CRISPIN.

Il faut que mon maître ait eu un éclaircissement avec Angélique, et qu'il connoisse Damis.

LA BRANCHE.

Ils se connoissent si bien qu'ils s'écrivent, comme tu vois. Mais, grace à mes soins, M. Oronte est prévenu contre Valère, et j'espère que nous aurons la dot en croupe, avant qu'il soit désabusé.

CRISPIN voyant paroître Valère.

O ciel!

LA BRANCHE.

Qu'as-tu, Crispin?

CRISPIN.

Mon maître vient ici.

LA BRANCHE.

Le fâcheux contre-temps!

SCÈNE XVII.

VALÈRE, CRISPIN, LA BRANCHE.

VALÈRE à part, dans le fond, et tenant une lettre à la main.

Je puis, avec cette lettre, entrer chez M. Oronte... (Apercevant Crispin, qu'il ne reconnoît pas d'abord.) Mais, je vois un jeune homme. Seroit-ce Damis? Abordons-le; il faut que je m'éclaircisse... (Reconnoissant Crispin.) Juste ciel! c'est Crispin.

SCÈNE XVII.

CRISPIN.

C'est moi-même. Que diable venez-vous faire ici ? Ne vous ai-je pas défendu d'approcher de la maison de M. Oronte ? Vous allez détruire tout ce que mon industrie a fait pour vous.

VALÈRE.

Il n'est pas nécessaire d'employer aucun stratagème pour moi, mon cher Crispin.

CRISPIN.

Pourquoi?

VALÈRE.

Je sais le nom de mon rival; il s'appelle Damis. Je n'ai rien à craindre; il est marié.

CRISPIN.

Damis marié?... (Montrant La Branche.) Tenez, monsieur, voilà son valet que j'ai mis dans vos intérêts. Il va vous dire de ses nouvelles.

VALÈRE.

Seroit-il possible que Damis ne m'eût pas mandé une chose véritable ? A quel propos m'avoir écrit dans ces termes ?

(Il lit la lettre qu'il tient à la main, et qui est de Damis.)

« De Chartres.

« Vous saurez, cher ami, que je me suis
« marié en cette ville, ces jours passés. J'ai
« épousé secrètement une fille de condition.

« J'irai bientôt à Paris, où je prétends vous
« faire, de vive voix, tout le détail de ce ma-
« riage.

« DAMIS. ».

LA BRANCHE.

Ah! monsieur, je suis au fait. Dans le temps que mon maître vous a écrit cette lettre, il avoit effectivement ébauché un mariage; mais M. Orgon, au lieu d'approuver l'ébauche, a donné une grosse somme au père de la fille, et a par ce moyen assoupi la chose.

VALÈRE.

Damis n'est donc point marié?

LA BRANCHE.

Bon!

CRISPIN à Valère.

Eh! non.

VALÈRE.

Ah! mes enfants, j'implore votre secours... (A Crispin.) Quelle entreprise as-tu formée, Crispin? Tu n'as pas voulu tantôt m'en instruire. Ne me laisse pas plus long-temps dans l'incertitude. Pourquoi ce déguisement? Que prétends-tu faire en ma faveur?

CRISPIN.

Votre rival n'est point encore à Paris. Il n'y sera que dans deux jours. Je veux, avant ce

SCÈNE XVII.

temps-là, dégoûter monsieur et madame Oronte de son alliance.

VALÈRE.

De quelle manière?

CRISPIN.

En passant pour Damis. J'ai déja fait beaucoup d'extravagances ; je tiens des discours insensés; je fais des actions ridicules qui révoltent à tout moment contre moi le père et la mère d'Angélique. Vous connoissez le caractère de madame Oronte; elle aime les louanges; je lui dis des duretés qu'un petit maître n'oseroit dire à une femme de robe.

VALÈRE.

Hé bien?

CRISPIN.

Hé bien! je ferai et dirai tant de sottises qu'avant la fin du jour je prétends qu'ils me chassent, et qu'ils prennent la résolution de vous donner Angélique.

VALÈRE.

Et Lisette, entre-t-elle dans ce stratagème?

CRISPIN.

Oui, monsieur; elle agit de concert avec nous.

VADÈRE.

Ah! Crispin, que ne te dois-je pas!

CRISPIN, lui montrant La Branche.

Demandez par plaisir, à ce garçon-là, si je joue bien mon rôle.

LA BRANCHE, à Valère.

Ah! monsieur, que vous avez là un domestique adroit! C'est le plus grand fourbe de Paris!... Il m'arrache cet éloge. Je ne le seconde pas mal, à la vérité; et si notre entreprise réussit, vous ne m'en aurez pas moins d'obligation qu'à lui.

VALÈRE.

Vous pouvez tous deux compter sur ma reconnoissance; je vous promets...

CRISPIN, l'interrompant.

Eh! monsieur, laissez là les promesses. Songez que, si l'on vous voyoit avec nous, tout seroit perdu. Retirez-vous, et ne paroissez point ici d'aujourd'hui.

VALÈRE.

Je me retire donc... Adieu, mes amis; je me repose sur vos soins.

LA BRANCHE.

Ayez l'esprit tranquille, monsieur. Éloignez-vous vite; abandonnez-nous votre fortune.

VALÈRE.

Souvenez-vous que mon sort...

CRISPIN, l'interrompant.

Que de discours!

VALÈRE.

Dépend de vous.

CRISPIN, le repoussant.

Allez-vous-en, vous dis-je.

(Valère sort.)

SCÈNE XVIII.

CRISPIN, LA BRANCHE.

LA BRANCHE.

Enfin, il est parti.

CRISPIN.

Je respire.

LA BRANCHE.

Nous avons eu une alarme assez chaude... Je mourois de peur que M. Oronte ne nous surprît avec ton maître.

CRISPIN.

C'est ce que je craignois aussi. Mais, comme nous n'avions que cela à craindre, nous sommes assurés du succès de notre projet. Nous pouvons à présent choisir la route que nous avons à prendre. As-tu arrrêté des chevaux pour cette nuit?

LA BRANCHE, regardant dans l'éloignement.

Oui.

CRISPIN.

Bon!... Je suis d'avis que nous prenions le chemin de Flandre.

LA BRANCHE, regardant toujours au loin et avec distraction.

Le chemin de Flandre... Oui, c'est fort bien raisonné. J'opine aussi pour le chemin de Flandre.

CRISPIN.

Que regardes-tu donc avec tant d'attention?

LA BRANCHE, de même.

Je regarde... Oui... non... Ventrebleu! seroit-ce lui?

CRISPIN.

Qui, lui?

LA BRANCHE, de même.

Hélas! voilà toute sa figure.

CRISPIN.

Sa figure, de qui?

LA BRANCHE de même.

Crispin, mon pauvre Crispin! c'est M. Orgon.

CRISPIN.

Le père de Damis?

LA BRANCHE.

Lui-même.

CRISPIN.

Le maudit vieillard!

LA BRANCHE.

Je crois que tous les diables sont déchaînés contre la dot.

CRISPIN, regardant du côté d'où vient M. Orgon.

Il vient ici. Il va entrer chez M. Oronte, et tout va se découvrir.

LA BRANCHE.

C'est ce qu'il faut empêcher, s'il est possible. Va m'attendre à l'auberge. Ce que je crains le plus, c'est que M. Oronte ne sorte pendant que je lui parlerai.

(Crispin s'éloigne.)

SCÈNE XIX.

M. ORGON, LA BRANCHE.

M. ORGON, à part, sans voir d'abord La Branche.

Je ne sais quel accueil je vais recevoir de M. et de Mme Oronte.

LA BRANCHE, à part.

Vous n'êtes pas encore chez eux. (à Orgon.) Serviteur à monsieur Orgon.

M. ORGON.

Ah! je ne te voyois pas, La Branche.

LA BRANCHE.

Comment! monsieur, c'est donc ainsi que

vous surprenez les gens? Qui vous croyoit à Paris?

M. ORGON.

Je suis parti de Chartres peu de temps après toi, parce que j'ai fait réflexion qu'il valoit mieux que je parlasse moi-même à M. Oronte, et qu'il n'étoit pas honnête de retirer ma parole par le ministère d'un valet...

LA BRANCHE.

Vous êtes délicat sur les bienséances, à ce que je vois. Si bien donc que vous allez trouver M. et Mme Oronte?

M. ORGON.

C'est mon dessein.

LA BRANCHE.

Rendez graces au ciel de me rencontrer ici à propos pour vous en empêcher.

M. ORGON.

Comment! les as-tu déja vus, toi, La Branche?

LA BRANCHE.

Eh oui, morbleu! je les ai vus. Je sors de chez eux. Madame Oronte est dans une colère horrible contre vous.

M. ORGON.

Contre moi?

LA BRANCHE.

Contre vous. « Eh, quoi! a-t-elle dit, M. Orgon nous manque de parole? Qui l'auroit cru? Ma fille désormais ne doit plus espérer d'établissement. »

M. ORGON.

Quel tort cela peut-il faire à sa fille?

LA BRANCHE.

C'est ce que je lui ai répondu; mais comment voulez-vous qu'une femme entende raison? c'est tout ce qu'elle peut faire de sang-froid. Elle a fait là dessus des raisonnements bourgeois. On ne croira point dans le monde, a-t-elle dit, que Damis ait été obligé d'épouser une fille de Chartres; on dira plutôt que M. Orgon a approfondi nos biens, et que ne les ayant pas trouvés solides, il a retiré sa parole.

M. ORGON.

Fi donc! peut-elle s'imaginer qu'on dira cela?

LA BRANCHE.

Vous ne sauriez croire jusqu'à quel point la fureur s'est emparée de ses sens... Elle a les yeux dans la tête... Elle ne connoit personne... Elle m'a pris à la gorge, et j'ai eu toutes les peines du monde à me retirer de ses griffes.

M. ORGON.

Et M. Oronte?

LA BRANCHE.

Oh! pour M. Oronte, je l'ai trouvé plus modéré, lui... Il m'a seulement donné deux soufflets.

M. ORGON.

Tu m'étonnes, La Branche. Peuvent-ils être capables d'un pareil emportement, et doivent-ils trouver mauvais que j'aie consenti au mariage de mon fils ? Ne leur en as-tu pas expliqué toutes les circonstances ?

LA BRANCHE.

Pardonnez-moi. Je leur ai dit que monsieur votre fils ayant commencé par où l'on finit d'ordinaire, la famille de votre bru se préparoit à vous faire un procès que vous avez sagement prévenu en unissant les parties.

M. ORGON.

Ils ne se sont pas rendus à cette raison ?

LA BRANCHE.

Bon! rendus; ils sont bien en état de se rendre. Si vous m'en croyez, monsieur, vous retournerez à Chartres tout à l'heure.

M. ORGON, voulant entrer chez M. Oronte.

Non. La Branche, je veux les voir, et leur représenter si bien les choses, que...

LA BRANCHE, l'interrompant et le retenant.

Vous n'entrerez pas, monsieur, je vous assure. Je ne souffrirai point que vous alliez vous faire dévisager. Si vous leur voulez parler absolument, laissez passer leurs premiers transports.

M. ORGON.

Cela est de bon sens.

LA BRANCHE.

Remettez votre visite à demain. Ils seront plus disposés à vous recevoir.

M. ORGON.

Tu as raison ; ils seront dans une situation moins violente. Allons, je veux suivre ton conseil.

LA BRANCHE.

Cependant, monsieur, vous ferez ce qu'il vous plaira ; vous êtes le maître.

M. ORGON.

Non, non... Viens, La Branche : je les verrai demain.

(Il sort.)

LA BRANCHE.

Je marche sur vos pas...

SCÈNE XX.

LA BRANCHE, seul.

Ou plutôt je vais trouver Crispin... Nous voilà, pour le coup, au dessus de toutes les difficultés... Il ne me reste plus qu'un petit scrupule au sujet de la dot. Il me fâche de la partager avec un associé; car enfin, Angélique ne pouvant être à mon maître, il me semble que la dot m'appartient de droit tout entière. Comment tromperai-je Crispin? Il faut que je lui conseille de passer la nuit avec Angélique... Ce sera sa femme, une fois; il l'aime, et il est homme à suivre ce conseil. Pendant qu'il s'amusera à la bagatelle, je déménagerai avec le solide... Mais, non; rejetons cette pensée. Ne nous brouillons point avec un homme qui en sait aussi long que moi. Il pourroit bien, quelque jour, avoir sa revanche; d'ailleurs ce seroit aller contre nos lois. Nous autres gens d'intrigue, nous nous gardons les uns aux autres une fidélité plus exacte que les honnêtes gens... (Voyant paroître M. Oronte avec Lisette.) Voici M. Oronte qui sort de chez lui pour aller chez son notaire... Quel bonheur d'avoir éloigné d'ici M. Orgon!

(Il sort.)

SCÈNE XXI.

M. ORONTE, LISETTE.

LISETTE.

Je vous le dis encore, monsieur, Valère est honnête homme, et vous devez approfondir...

SCÈNE XXIII.

M. ORONTE, l'interrompant.

Tout n'est que trop approfondi, Lisette. Je sais que vous êtes dans les intérêts de Valère ; et je suis fâché que vous n'ayez pas inventé ensemble un meilleur expédient pour m'obliger à différer le mariage de Damis.

LISETTE.

Quoi ! monsieur, vous vous imaginez...

M. ORONTE, l'interrompant.

Non, Lisette, je ne m'imagine rien. Je suis facile à tromper. Moi ! je suis le plus pauvre génie du monde... Allez, Lisette, dites à Valère qu'il ne sera jamais mon gendre : c'est de quoi il peut assurer messieurs ses créanciers. (Il sort.)

SCÈNE XXII.

LISETTE, seule.

Ouais ! que signifie tout ceci ? Il y a quelque chose là dedans qui passe ma pénétration.

SCÈNE XXIII.

VALÈRE, LISETTE.

VALÈRE à part, sans voir d'abord Lisette.

Quoi que m'ait dit Crispin, je ne puis attendre tranquillement le succès de son artifice. Après tout, je ne sais pourquoi il m'a recommandé avec tant de soin de ne point paroître ici ; car enfin, au lieu de détruire son stratagème, je pourrois l'appuyer.

LISETTE.

Ah ! monsieur...

VALÈRE.

Hé bien, Lisette ?

LISETTE.

Vous avez tardé bien long-temps... Où est la lettre de Damis ?

VALÈRE, tirant une lettre de sa poche, et la lui montrant.

La voici... Mais elle nous sera inutile. Dis-moi plutôt Lisette, comment va le stratagème ?

LISETTE.

Quel stratagème ?

VALÈRE.

Celui que Crispin a imaginé pour mon amour.

LISETTE.

Crispin ! Qu'est-ce que c'est que ce Crispin?

VALÈRE.

Hé, parbleu ! c'est mon valet.

LISETTE.

Je ne le connois pas.

VALÈRE.

C'est pousser trop loin la dissimulation,

Lisette. Crispin m'a dit que vous étiez tous deux d'intelligence.

LISETTE.

Je ne sais ce que vous voulez dire, monsieur.

VALÈRE.

Ah ! c'en est trop ; je perds patience : je suis au désespoir !

SCÈNE XXIV.

Mme ORONTE, ANGÉLIQUE, VALÈRE, LISETTE.

Mme ORONTE, à Valère.

Je suis bien aise de vous trouver, Valère, pour vous faire des reproches.. Un galant homme doit-il supposer des lettres ?

VALÈRE.

Supposer ! moi, madame ? qui peut m'avoir rendu ce mauvais office auprès de vous ?

LISETTE, à madame Oronte.

Eh ! madame, M. Valère n'a rien supposé. Il y a de la manigance en cette affaire. (Apercevant venir M. Oronte et M. Orgon.) Mais voici M. Oronte qui revient. M. Orgon est avec lui. Nous allons tout découvrir.

SCÈNE XXV.

M. ORONTE, M. ORGON, Mme ORONTE, ANGÉLIQUE, VALÈRE, LISETTE.

M. ORONTE, à M. Orgon.

Il y a de la friponnerie là dedans, monsieur Orgon.

M. ORGON.

C'est ce qu'il faut éclaircir, monsieur Oronte.

M. ORONTE, à sa femme.

Madame, je viens de rencontrer M. Orgon, en allant chez mon notaire. Il vient, dit-il, à Paris pour retirer sa parole. Damis est effectivement marié.

ANGÉLIQUE, à part.

Qu'est-ce que j'entends?

M. ORGON, à madame Oronte.

Il est vrai, madame ; et quand vous saurez toutes les circonstances de ce mariage, vous excuserez...

M. ORONTE, à sa femme.

M. Orgon n'a pu se dispenser d'y consentir : mais ce que je ne comprends pas, c'est qu'il assure que son fils est actuellement à Chartres.

M. ORGON.

Sans doute.

SCÈNE XXV.

Mme ORONTE.

Cependant il y a ici un jeune homme qui se dit votre fils.

M. ORGON.

C'est un imposteur.

M. ORONTE.

Et La Branche, ce même valet qui étoit ici avec vous, il y a quinze jours, l'appelle son maître.

M. ORGON.

La Branche, dites-vous ! Ah ! le pendard ! Je ne m'étonne plus s'il m'a, tout à l'heure, empêché d'entrer chez vous. Il m'a dit que vous étiez tous deux dans une colère épouvantable contre moi, et que vous l'aviez maltraité, lui.

Mme ORONTE.

Le menteur!

LISETTE, à part.

Je vois l'enclouure, ou peu s'en faut.

VALÈRE, à part.

Mon traître se seroit-il joué de moi?

M. ORONTE, voyant paroître La Branche et Crispin.

Nous allons approfondir cela, car les voici tous deux.

SCÈNE XXVI.

M. ORONTE, M. ORGON, Mme ORONTE, AN-
GÉLIQUE, VALÈRE, LISETTE, CRISPIN,
LA BRANCHE.

CRISPIN, à M. Oronte, sans voir d'abord Valère et
M. Orgon.

Hé bien, monsieur Oronte, tout est-il prêt?...
Notre mariage... (Apercevant Valère et Orgon.) Ouf!
Qu'est-ce que je vois?

LA BRANCHE, bas à Crispin, en apercevant aussi
Valère et M. Orgon.

Aïe! nous sommes découverts, sauvons-
nous!

(Il veut se sauver avec Crispin, mais Valère court
à eux et les arrête.)

VALÈRE.

Oh! vous ne nous échapperez pas, messieurs les marauds, et vous serez traités comme
vous le méritez.

(Valère prend Crispin au collet; M. Oronte et M. Orgon se saisissent de La Branche.)

M. ORONTE, à Crispin et à La Branche.

Ah, Ah! nous vous tenons, fourbes!

M. ORGON, à La Branche, en montrant Crispin.

Dis-nous, méchant, qui est cet autre fripon que tu fais passer pour Damis?

SCÈNE XXVI.

VALÈRE.

C'est mon valet.

Mme ORONTE.

Un valet ? juste ciel ! un valet !

VALÈRE.

Un perfide ! qui me fait accroire qu'il est dans mes intérêts, pendant qu'il emploie, pour me tromper, le plus noir de tous les artifices.

CRISPIN.

Doucement, monsieur, doucement ! ne jugeons point sur les apparences.

M. ORGON, à La Branche.

Et toi, coquin ! voilà donc comme tu fais les commissions que je te donne ?

LA BRANCHE.

Allons, monsieur, allons, bride en main : s'il vous plaît : ne condamnons point les gens sans les entendre.

M. ORGON.

Quoi ! tu voudrois soutenir que tu n'es pas un maître fripon ?

LA BRANCHE, feignant de pleurer.

Je suis un fripon, fort bien ; voyez les douceurs qu'on s'attire en servant avec affection !

VALÈRE, à Crispin.

Tu ne demeureras pas d'accord, non plus toi, que tu es un fourbe, un scélérat ?

CRISPIN, *avec un fort emportement.*

Scélérat ! fourbe ! Que diable, monsieur, vous me prodiguez des épithètes qui ne me conviennent point du tout.

VALÈRE.

Nous aurons encore tort de soupçonner votre fidélité, traîtres ?

M. ORGON, *à La Branche et à Crispin.*

Que direz-vous pour vous justifier, misérables ?

LA BRANCHE.

Tenez, voilà Crispin qui va vous tirer d'erreur.

CRISPIN, *à M. Oronte.*

La Branche vous expliquera la chose en deux mots.

LA BRANCHE.

Parle, Crispin, fais-leur voir notre innocence.

CRISPIN.

Parle toi-même, La Branche : tu les auras bientôt désabusés.

LA BRANCHE.

Non, non, tu débrouilleras mieux le fait.

CRISPIN, *à M. Oronte et à Valère.*

Hé, bien ! messieurs, je vais vous dire la chose tout naturellement. J'ai pris le nom de Damis, pour dégoûter, par mon air ridicule,

M. et Mme Oronte, de l'alliance de M. Orgon, et les mettre par là dans une disposition favorable pour mon maître; mais, au lieu de les rebuter par mes manières impertinentes, j'ai eu le malheur de leur plaire. Ce n'est pas ma faute, une fois.

M. ORONTE.

Cependant, si on t'avoit laissé faire, tu aurois poussé la feinte jusqu'à épouser ma fille.

CRISPIN.

Non, monsieur, demandez à La Branche : nous venions ici vous découvrir tout.

VALÈRE.

Vous ne sauriez donner à votre perfidie des couleurs qui puissent nous éblouir. Puisque Damis est marié, il étoit inutile que Crispin fît le personnage qu'il a fait.

CRISPIN.

Hé bien, messieurs, puisque vous ne voulez pas nous absoudre comme innocents, faites-nous donc grace comme à des coupables. Nous implorons votre bonté.

(Il se jette aux genoux de M. Oronte.)

LA BRANCHE, se jetant aussi à genoux.

Oui, nous avons recours à votre clémence.

CRISPIN, à M. Oronte.

Franchement, la dot nous a tentés. Nous sommes accoutumés à faire des fourberies;

pardonnez-nous celle-ci à cause de l'habitude.

M. ORONTE

Non, non, votre audace ne demeurera point impunie.

LA BRANCHE.

Eh! monsieur, laissez-vous toucher. Nous vous en conjurons par les beaux yeux de madame Oronte.

CRISPIN, à M. Oronte.

Par la tendresse que vous devez avoir pour une femme si charmante!

Mme ORONTE, à son mari.

Ces pauvres garçons me font pitié! Je demande grace pour eux.

LISETTE, à part.

Les habiles fripons que voilà!

M. ORGON, à La Branche et à Crispin.

Vous êtes bien heureux, pendards! que madame Oronte intercède pour vous.

M. ORONTE, à La Branche et à Crispin.

J'avois grande envie de vous faire punir; mais, puisque ma femme le veut, oublions le passé. Aussi bien je donne aujourd'hui ma fille à Valère, il ne faut songer qu'à se réjouir... On vous pardonne donc; et même, si vous voulez me promettre que vous vous corrigerez, je serai encore assez bon pour me charger de votre fortune.

CRISPIN, se relevant.

Oh! monsieur, nous vous le promettons.

LA BRANCHE, se relevant aussi.

Oui, monsieur... nous sommes si mortifiés de n'avoir pas réussi dans notre entreprise, que nous renonçons à toutes les fourberies.

M. ORONTE.

Vous avez de l'esprit; mais il en faut faire un meilleur usage, et pour vous rendre honnêtes gens, je veux vous mettre tous deux dans les affaires... (A La Branche.) J'obtiendrai pour toi, La Branche, une bonne commission.

LA BRANCHE.

Je vous réponds, monsieur, de ma bonne volonté.

M. ORONTE, à Crispin.

Et pour le valet de mon gendre, je lui ferai épouser la filleule d'un sous-fermier de mes amis.

CRISPIN.

Je tâcherai, monsieur, de mériter, par ma complaisance, toutes les bontés du parrain.

M. ORONTE.

Ne demeurons pas ici plus long-temps... Entrons... (A M. Orgon.) J'espère que M. Orgon voudra bien honorer de se présence les noces de ma fille ?

M. ORGON.

J'y veux danser avec madame Oronte.

(Il donne la main à madame Oronte, et Valère à Angélique, pour rentrer chez M. Oronte.)

FIN DE CRISPIN RIVAL DE SON MAITRE.

TURCARET.

COMÉDIE

Représentée, pour la première fois, le 14 février 1709.

PERSONNAGES.

M. TURCARET [1], traitant, amoureux de la baronne.
Mme TURCARET, épouse de M. Turcaret.
Mme JACOB [2], revendeuse à la toilette, et sœur de M. Turcaret.
LA BARONNE, jeune veuve coquette.
LE CHEVALIER, } petits-maîtres.
LE MARQUIS, }
M. RAFLE [3], commis de M. Turcaret.
FLAMAND, valet de M. Turcaret.
MARINE [4] } suivantes de la baronne.
LISETTE, }
JASMIN, petit laquais de la baronne.
FRONTIN [5], valet du chevalier.
M. FURET [6], fourbe.

[1] *M. Turcaret.* Ce nom diminutif indique un traitant, un maltôtier, un arabe, qui traite les gens de *Turc à Maure.*

[2] *Mme Jacob*, revendeuse à la toilette, a un nom juif, comme sœur de Turcaret, et parce que les marchandes à la toilette, les fripiers, étoient autrefois généralement des juifs.

[3] *M. Rafle*, commis de M. Turcaret, a un nom encore trop significatif, trop expressif, pour qu'il ait besoin d'explication.

[4] *Marinette*. Cette suivante est un personnage dont le nom est emprunté de Molière.

[5] *Frontin* est un fourbe, un fripon qui a du *front.*

[6] *M. Furet*, autre fourbe, dont le nom diminutif vient du latin *fur*, voleur. E. J.

La scène est à Paris, chez la baronne.

TURCARET,
COMÉDIE.

ACTE PREMIER.

SCÈNE PREMIÈRE.

LA BARONNE, MARINE.

MARINE.
Encore hier deux cents pistoles?

LA BARONNE.
Cesse de me reprocher....

MARINE, l'interrompant.
Non, madame, je ne puis me taire; votre conduite est insupportable.

LA BARONNE.
Marine!

MARINE.
Vous mettez ma patience à bout.

LA BARONNE.
Eh! comment veux-tu donc que je fasse? Suis-je femme à thésauriser?

MARINE.
Ce seroit trop exiger de vous; et cependant

je vous vois dans la nécessité de le faire.

LA BARONNE.

Pourquoi ?

MARINE.

Vous êtes veuve d'un colonel étranger qui a été tué en Flandre, l'année passée. Vous aviez déja mangé le petit douaire qu'il vous avoit laissé en partant, et il ne vous restoit plus que vos meubles, que vous auriez été obligée de vendre, si la fortune propice ne vous eût fait faire la précieuse conquête de M. Turcaret le traitant. Cela n'est-il pas vrai, madame ?

LA BARONNE.

Je ne dis pas le contraire.

MARINE.

Or, ce M. Turcaret, qui n'est pas un homme fort aimable, et qu'aussi vous n'aimez guère, quoique vous ayez dessein de l'épouser, comme il vous l'a promis ; M. Turcaret, dis-je, ne se presse pas de vous tenir parole, et vous attendez patiemment qu'il accomplisse sa promesse, parce qu'il vous fait tous les jours quelque présent considérable : je n'ai rien à dire à cela. Mais ce que je ne puis souffrir, c'est que vous soyez coiffée d'un petit chevalier joueur qui va mettre à la réjouissance les dépouilles du traitant. Eh! que prétendez-vous faire de ce chevalier?

LA BARONNE.

Le conserver pour ami. N'est-il pas permis d'avoir des amis?

MARINE.

Sans doute, et de certains amis encore dont on peut faire son pis-aller. Celui-ci, par exemple, vous pourriez fort bien l'épouser, en cas que M. Turcaret vînt à vous manquer; car il n'est pas de ces chevaliers qui sont consacrés au célibat et obligés de courir au secours de Malte. C'est un chevalier de Paris; il fait ses caravanes dans les lansquenets.

LA BARONNE.

Oh! je le crois un fort honnête homme.

MARINE.

J'en juge tout autrement. Avec ses airs passionnés, son ton radouci, sa face minaudière, je le crois un grand comédien; et ce qui me confirme dans mon opinion, c'est que Frontin, son bon valet Frontin, ne m'en a pas dit le moindre mal.

LA BARONNE.

Le préjugé est admirable! et tu conclus de là?

MARINE.

Que le maître et le valet sont deux fourbes

qui s'entendent pour vous duper; et vous vous laissez surprendre à leurs artifices, quoiqu'il y ait déja du temps que vous les connoissiez. Il est vrai que depuis votre veuvage il a été le premier à vous offrir brusquement sa foi; et cette façon de sincérité l'a tellement établi chez vous qu'il dispose de votre bourse comme de la sienne.

LA BARONNE.

Il est vrai que j'ai été sensible aux premiers soins du chevalier. J'aurois dû, je l'avoue, l'éprouver avant que de lui découvrir mes sentiments, et je conviendrai, de bonne foi, que tu as peut-être raison de me reprocher tout ce que je fais pour lui.

MARINE.

Assurément; et je ne cesserai point de vous tourmenter, que vous ne l'ayez chassé de chez vous; car enfin, si cela continue, savez-vous ce qui en arrivera?

LA BARONNE.

Et quoi?

MARINE.

M. Turcaret saura que vous voulez conserver le chevalier pour ami; et il ne croit pas, lui, qu'il soit permis d'avoir des amis. Il cessera de vous faire des présents, il ne vous épousera point; et si vous êtes réduite à épouser le chevalier, ce sera un fort mauvais mariage pour l'un et pour l'autre.

LA BARONNE.

Tes réflexions sont judicieuses, Marine; je veux songer à en profiter.

MARINE.

Vous ferez bien; il faut prévoir l'avenir. Envisagez dès à présent un établissement solide. Profitez des prodigalités de M. Turcaret, en attendant qu'il vous épouse. S'il y manque, à la vérité on en parlera un peu dans le monde; mais vous aurez, pour vous en dédommager, de bons effets, de l'argent comptant, des bijoux, de bons billets au porteur, des contrats de rente, et vous trouverez alors quelque gentilhomme capricieux, ou malaisé, qui réhabilitera votre réputation par un bon mariage.

LA BARONNE.

Je cède à tes raisons, Marine; je veux me détacher du chevalier, avec qui je sens bien que je me ruinerois à la fin.

MARINE.

Vous commencez à entendre raison. C'est là le bon parti. Il faut s'attacher à M. Turcaret, pour l'épouser, ou pour le ruiner. Vous tirerez du moins, des débris de sa fortune, de quoi vous mettre en équipage, de quoi soutenir dans le monde une figure brillante, et quoi que l'on puisse dire, vous lasserez les caquets, vous fatiguerez la médisance, et l'on s'accoutumera insensiblement à vous confondre avec les femmes de qualité.

LA BARONNE.

Ma résolution est prise, je veux bannir de mon cœur le chevalier. C'en est fait, je ne prends plus de part à sa fortune, je ne réparerai plus ses pertes, il ne recevra plus rien de moi.

MARINE, voyant paroître Frontin.

Son valet vient; faites-lui un accueil glacé. Commencez par là ce grand ouvrage que vous méditez.

LA BARONNE.

Laisse-moi faire.

SCÈNE II.

LA BARONNE, MARINE, FRONTIN.

FRONTIN, à la baronne.

Je viens de la part de mon maître et de la mienne, madame, vous donner le bonjour.

LA BARONNE, d'un air froid.

Je vous en suis obligée, Frontin.

FRONTIN, à Marine.

Et mademoiselle Marine veut bien aussi qu'on prenne la liberté de la saluer?

MARINE, d'un air brusque.

Bonjour et bon an [1].

FRONTIN, à la baronne en lui présentant un billet.

Ce billet que M. le chevalier vous écrit vous instruira, madame, de certaine aventure...

MARINE, bas à la baronne.

Ne le recevez pas.

LA BARONNE, prenant le billet des mains de Frontin.

Cela n'engage à rien, Marine... Voyons, voyons ce qu'il me mande.

MARINE, à part.

Sotte curiosité !

LA BARONNE lisant.

« Je viens de recevoir le portrait d'une com-
« tesse. Je vous l'envoie et vous le sacrifie ;
« mais vous ne devez point me tenir compte
« de ce sacrifice, ma chère baronne. Je suis
« si occupé, si possédé de vos charmes, que
« je n'ai pas la liberté de vous être infidèle.
« Pardonnez, mon adorable, si je ne vous en

---

[1] *Bon jour et bon an.* Pour entendre ce souhait, il faut savoir que la comédie de *Turcaret* étoit intitulée *les Etrennes*, et qu'elle fut présentée aux comédiens françois pour être jouée le 1er janvier 1708, quoiqu'elle ne le fût que le 14 février de l'année suivante. Pour les causes de ce retard, voyez ma Notice sur Le Sage. E. J.

« dis pas davantage; j'ai l'esprit dans un acca-
« blement mortel. J'ai perdu cette nuit tout
« mon argent, et Frontin vous dira le reste.

« LE CHEVALIER. »

MARINE, à Frontin.

Puisqu'il a perdu tout son argent, je ne vois pas qu'il y ait du reste à cela.

FRONTIN.

Pardonnez-moi. Outre les deux cents pistoles que madame eut la bonté de lui prêter hier, et le peu d'argent qu'il avoit d'ailleurs, il a encore perdu mille écus sur parole; voilà le reste. Oh! diable, il n'y a pas un mot inutile dans les billets de mon maître.

LA BARONNE.

Où est le portrait?

FRONTIN, lui donnant un portrait.

Le voici.

LA BARONNE, examinant le portrait.

Il ne m'a point parlé de cette comtesse-là, Frontin.

FRONTIN.

C'est une conquête, madame, que nous avons faite sans y penser. Nous rencontrâmes l'autre jour cette comtesse dans un lansquenet.

MARINE.

Une comtesse de lansquenet!

FRONTIN, à la baronne.

Elle agaça mon maître. Il répondit, pour rire, à ses minauderies. Elle, qui aime le sérieux, a pris la chose fort sérieusement. Elle nous a, ce matin, envoyé son portrait. Nous ne savons pas seulement son nom.

MARINE.

Je vais parier que cette comtesse-là est quelque dame normande. Toute sa famille bourgeoise se cotise pour lui faire tenir à Paris une petite pension, que les caprices du jeu augmentent ou diminuent.

FRONTIN.

C'est ce que nous ignorons.

MARINE.

Oh, que non, vous ne l'ignorez pas! Peste! vous n'êtes pas gens à faire sottement des sacrifices. Vous en connoissez bien le prix.

FRONTIN, à la baronne.

Savez-vous bien, madame, que cette dernière nuit a pensé être une nuit éternelle pour monsieur le chevalier? En arrivant au logis il se jette dans un fauteuil; il commence par se rappeler les plus malheureux coups du jeu, assaisonnant ses réflexions d'épithètes et d'apostrophes énergiques.

LA BARONNE, regardant le portrait.

Tu as vu cette comtesse, Frontin? N'est-elle pas plus belle que son portrait?

FRONTIN.

Non madame; et ce n'est pas, comme vous voyez, une beauté régulière; mais elle est assez piquante ma foi, elle est assez piquante. Or, je voulus d'abord représenter à mon maître que tous ses jurements étoient des paroles perdues; mais, considérant que cela soulage un joueur désespéré, je le laissai s'égayer dans ses apostrophes.

LA BARONNE, regardant toujours le portrait.

Quel âge a-t-elle, Frontin?

FRONTIN.

C'est ce que je ne sais pas trop bien; car elle a le teint si beau que je pourrois m'y tromper d'une bonne vingtaine d'années.

MARINE.

C'est-à-dire qu'elle a pour le moins cinquante ans?

FRONTIN.

Je le croirois bien, car elle en paroît trente. (A la baronne) Mon maître donc, après avoir bien réfléchi, s'abandonne à la rage; il demande ses pistolets.

LA BARONNE, à Marine.

Ses pistolets, Marine, ses pistolets!

MARINE.

Il ne se tuera point, madame, il ne se tuera point.

FRONTIN, à la baronne.

Je les lui refuse; aussitôt il tire brusquement son épée.

LA BARONNE, à Marine.

Ah! il s'est blessé, Marine, assurément!

MARINE.

Eh! non, non, Frontin l'en aura empêché.

FRONTIN, à la baronne.

Oui... Je me jette sur lui à corps perdu. « Monsieur le chevalier, lui dis-je, qu'allez-« vous faire? Vous passez les bornes de la « douleur du lansquenet. Si votre malheur « vous fait haïr le jour, conservez-vous du « moins, vivez pour votre aimable baronne. « Elle vous a jusqu'ici tiré généreusement de « tous vos embarras; et soyez sûr, ai-je ajouté « seulement pour calmer sa fureur, qu'elle ne « vous laissera point dans celui-ci. »

MARINE, bas à la baronne.

L'entend-il, le maraud?

FRONTIN, à la baronne.

« Il ne s'agit que de mille écus, une fois. « M. Turcaret a bon dos : il portera bien en- « core cette charge-là. »

LA BARONNE.

Hé bien, Frontin?

FRONTIN.

Hé bien! madame, à ces mots, admirez le pouvoir de l'espérance, il s'est laissé désarmer comme un enfant, il s'est couché et s'est endormi.

MARINE, ironiquement.

Le pauvre chevalier!

FRONTIN, à la baronne.

Mais ce matin, à son réveil, il a senti renaître ses chagrins; le portrait de la comtesse ne les a point dissipés. Il m'a fait partir sur-le-champ pour venir ici, et il attend mon retour pour disposer de son sort. Que lui dirai-je, madame?

LA BARONNE.

Tu lui diras, Frontin, qu'il peut toujours faire fond sur moi, et que, n'étant point en argent comptant...

(Elle veut tirer son diamant de son doigt pour le lui donner.)

MARINE, la retenant.

Eh! madame, y songez-vous?

LA BARONNE, à Frontin en remettant son diamant.

Tu lui diras que je suis touchée de son malheur.

ACTE I, SCÈNE II.

MARINE, à Frontin, ironiquement.

Et que je suis, de mon côté, très fâchée de son infortune.

FRONTIN, à la baronne.

Ah! qu'il sera fâché, lui... (A part.) Maugrebleu de la soubrette!

LA BARONNE.

Dis-lui bien, Frontin, que je suis sensible à ses peines.

MARINE, à Frontin, ironiquement.

Que je sens vivement son affliction, Frontin.

FRONTIN, à la baronne

C'en est donc fait, madame, vous ne verrez plus monsieur le chevalier. La honte de ne pouvoir payer ses dettes va l'écarter de vous pour jamais; car rien n'est plus sensible pour un enfant de famille. Nous allons tout à l'heure prendre la poste.

LA BARONNE, bas à Marine.

Prendre la poste, Marine!

MARINE.

Ils n'ont pas de quoi la payer.

FRONTIN, à la baronne.

Adieu, madame.

LA BARONNE, tirant son diamant de son doigt.

Attends, Frontin.

MARINE, à Frontin.

Non, non, va-t'en vite lui faire réponse.

LA BARONNE, à Marine.

Oh! je ne puis me résoudre à l'abandonner... (A Frontin, en lui donnant son diamant.) Tiens, voilà un diamant de cinq cents pistoles que M. Turcaret m'a donné; va le mettre en gage, et tire ton maître de l'affreuse situation où il se trouve.

FRONTIN.

Je vais le rappeler à la vie..... (A Marine, avec ironie.) Je lui rendrai compte, Marine, de l'excès de ton affliction.

MARINE.

Ah! que vous êtes tous deux bien ensemble, messieurs les fripons!

(Frontin sort.)

SCÈNE III.

LA BARONNE, MARINE.

LA BARONNE.

Tu vas te déchaîner contre moi, Marine, t'emporter?

MARINE.

Non, madame, je ne m'en donnerai pas la peine, je vous assure. Eh! que m'importe, après tout, que votre bien s'en aille comme il vient? Ce sont vos affaires, madame, ce sont vos affaires.

LA BARONNE.

Hélas! je suis plus à plaindre qu'à blâmer; ce que tu me vois faire n'est point l'effet d'une volonté libre : je suis entraînée par un penchant si tendre, que je ne puis y résister.

MARINE.

Un penchant tendre? Ces foiblesses vous conviennent-elles? Eh! fi! vous aimez comme une vieille bourgeoise.

LA BARONNE.

Que tu es injuste, Marine! puis-je ne pas savoir gré au chevalier du sacrifice qu'il me fait?

MARINE.

Le plaisant sacrifice!... Que vous êtes facile à tromper! Mort de ma vie! c'est quelque vieux portrait de famille; que sait-on? de sa grand'mère, peut-être.

LA BARONNE, regardant le portrait.

Non, j'ai quelque idée de ce visage-là, et une idée récente.

MARINE, prenant le portrait et l'examinant à son tour.

Attendez... Ah! justement, c'est ce colosse de provinciale que nous vîmes au bal il y a trois jours, qui se fit tant prier pour ôter son masque, et que personne ne connut quand elle fut démasquée.

LA BARONNE.

Tu as raison, Marine... Cette comtesse-là n'est pas mal faite.

MARINE, rendant le portrait à la baronne.

A peu près comme M. Turcaret. Mais, si la comtesse étoit femme d'affaires, on ne vous la sacrifieroit pas, sur ma parole.

LA BARONNE, voyant paroître Flamand.

Tais-toi, Marine; j'aperçois le laquais de M. Turcaret.

MARINE.

Oh! pour celui-ci, passe: il ne nous apporte que de bonnes nouvelles... (Regardant venir Flamand, et le voyant chargé d'un petit coffre.) Il tient quelque chose; c'est sans doute un nouveau présent que son maître vous fait.

SCÈNE IV.

LA BARONNE, MARINE, FLAMAND.

FLAMAND, à la baronne, en lui présentant un petit coffre.

M. Turcaret, madame, vous prie d'agréer ce petit présent [1]. (A Marine.) Serviteur, Marine.

---

[1] *Ce petit présent.* C'est sans doute aussi parce que cette pièce devoit être jouée au premier de l'an, que Turcaret envoie à la baronne un petit coffre pour étrennes, et que dans la scène vi il donne une poignée d'argent à la suivante de la baronne.

ACTE I, SCÈNE IV.

MARINE.

Tu sois le bien venu, Flamand. J'aime mieux te voir que ce vilain Frontin.

LA BARONNE, à Marine en lui montrant le coffre

Considère, Marine; admire le travail de ce petit coffre : as-tu rien vu de plus délicat?

MARINE.

Ouvrez, ouvrez; je réserve mon admiration pour le dedans. Le cœur me dit que nous en serons plus charmées que du dehors.

LA BARONNE, ouvrant le coffre.

Que vois-je! un billet au porteur! L'affaire est sérieuse.

MARINE.

De combien, madame?

LA BARONNE, examinant le billet.

De dix mille écus.

MARINE, bas.

Bon! voilà la faute du diamant réparée.

LA BARONNE, regardant dans le coffret.

Je vois un autre billet.

MARINE.

Encore au porteur?

LA BARONNE, examinant le second billet.

Non, ce sont des vers que M. Turcaret m'adresse.

MARINE.

Des vers de M. Turcaret!

LA BARONNE, lisant.

A Philis... Quatrain... (Interrompant sa lecture.) Je suis la Philis, et il me prie, en vers, de recevoir son billet en prose.

MARINE.

Je suis fort curieuse d'entendre des vers d'un auteur qui envoie de si bonne prose.

LA BARONNE.

Les voici ; écoute : (Elle lit.)

« Recevez ce billet, charmante Philis,
« Et soyez assurée que mon ame
« Conservera toujours une éternelle flamme,
« Comme il est certain que trois et trois font six. »

MARINE.

Que cela est finement pensé !

LA BARONNE.

Et noblement exprimé ! Les auteurs se peignent dans leurs ouvrages..... Allez porter ce coffre dans mon cabinet, Marine.

(Marine sort.)

SCÈNE V.

LA BARONNE, FLAMAND.

LA BARONNE.

Il faut que je te donne quelque chose, à toi, Flamand. Je veux que tu boives à ma santé.

FLAMAND.

Je n'y manquerai pas, madame, et du bon encore.

LA BARONNE.

Je t'y convie.

FLAMAND.

Quand j'étois chez ce conseiller que j'ai servi ci-devant, je m'accommodois de tout ; mais depuis que je suis chez M. Turcaret, je suis devenu délicat, oui !

LA BARONNE.

Rien n'est tel que la maison d'un homme d'affaires pour perfectionner le goût.

FLAMAND, voyant paroître M. Turcaret.

Le voici, madame, le voici.

(Il sort.)

SCÈNE VI.

LA BARONNE, M. TURCARET, MARINE.

LA BARONNE.

Je suis ravie de vous voir, monsieur Turcaret, pour vous faire des compliments sur les vers que vous m'avez envoyés.

M. TURCARET riant.

Ho, ho !

LA BARONNE.

Savez-vous bien qu'ils sont du dernier galant? Jamais les Voiture, ni les Pavillon n'en ont fait de pareils.

M. TURCARET.

Vous plaisantez apparemment?

LA BARONNE.

Point du tout.

M. TURCARET.

Sérieusement, madame, les trouvez-vous bien tournés?

LA BARONNE.

Le plus spirituellement du monde.

M. TURCARET.

Ce sont pourtant les premiers vers que j'aie faits de ma vie.

LA BARONNE.

On ne le diroit pas.

M. TURCARET.

Je n'ai pas voulu emprunter le secours de quelque auteur, comme cela se pratique.

LA BARONNE.

On le voit bien. Les auteurs de profession ne pensent et ne s'expriment pas ainsi : on ne sauroit les soupçonner de les avoir faits.

M. TURCARET.

J'ai voulu voir, par curiosité, si je serois capable d'en composer, et l'amour m'a ouvert l'esprit.

ACTE I, SCÈNE VI.

LA BARONNE.

Vous êtes capable de tout, monsieur; il n'y a rien d'impossible pour vous.

MARINE, à M. Turcaret.

Votre prose, monsieur, mérite aussi des compliments : elle vaut bien votre poésie, au moins.

M. TURCARET.

Il est vrai que ma prose a son mérite; elle est signée et approuvée par quatre fermiers-généraux.

MARINE.

Cette approbation vaut mieux que celle de l'Académie.

LA BARONNE, à M. Turcaret.

Pour moi, je n'approuve point votre prose, monsieur; et il me prend envie de vous quereller.

M. TURCARET.

D'où vient?

LA BARONNE.

Avez-vous perdu la raison de m'envoyer un billet au porteur? Vous faites tous les jours quelque folie comme cela.

M. TURCARET.

Vous vous moquez?

LA BARONNE.

De combien est-il ce billet? Je n'ai pas

pris garde à la somme, tant j'étois en colère contre vous !

M. TURCARET.

Bon ! il n'est que de dix mille écus.

LA BARONNE.

Comment ! de dix mille écus ? Ah ! si j'avois su cela, je vous l'aurois renvoyé sur-le-champ.

M. TURCARET.

Fi donc !

LA BARONNE.

Mais je vous le renverrai.

M. TURCARET.

Oh ! vous l'avez reçu, vous ne le rendrez point.

MARINE, à part.

Oh ! pour cela non.

LA BARONNE, à M. Turcaret.

Je suis plus offensée du motif que de la chose même.

M. TURCARET.

Et pourquoi ?

LA BARONNE.

En m'accablant tous les jours de présents, il semble que vous vous imaginiez avoir besoin de ces liens-là pour m'attacher à vous.

M. TURCARET.

Quelle pensée ! Non, madame, ce n'est point dans cette vue que...

LA BARONNE, l'interrompant.

Mais vous vous trompez, monsieur; je ne vous en aime point davantage pour cela.

M. TURCARET, à part.

Qu'elle est franche ! qu'elle est sincère !

LA BARONNE.

Je ne suis sensible qu'à vos empressements, qu'à vos soins.

M. TURCARET, à part.

Quel bon cœur !

LA BARONNE.

Qu'au seul plaisir de vous voir.

M. TURCARET, à part.

Elle me charme... (A la baronne.) Adieu, charmante Philis.

LA BARONNE.

Quoi ! vous sortez sitôt ?

M. TURCARET.

Oui, ma reine. Je ne viens ici que pour vous saluer en passant. Je vais à une de nos assemblées, pour m'opposer à la réception d'un pied-plat, d'un homme de rien, qu'on veut faire entrer dans notre compagnie. Je reviendrai dès que je pourrai m'échapper.

(Il lui baise la main.)

LA BARONNE.

Fussiez-vous déja de retour !

MARINE, à M. Turcaret en lui faisant la révérence.

Adieu, monsieur. Je suis votre très humble servante.

M. TURCARET.

A propos, Marine, il me semble qu'il y a long-temps que je ne t'ai rien donné... (Il lui donne une poignée d'argent.) Tiens, je donne sans compter, moi.

MARINE, prenant l'argent.

Et moi, je reçois de même, monsieur. Oh! nous sommes tous deux des gens de bonne foi.

(M. Turcaret sort.)

SCÈNE VII.

LA BARONNE, MARINE.

LA BARONNE.

Il s'en va fort satisfait de nous, Marine.

MARINE.

Et nous demeurons fort contentes de lui, madame. L'excellent sujet! il a de l'argent, il est prodigue et crédule; c'est un homme fait pour les coquettes.

LA BARONNE.

J'en fais assez ce que je veux, comme tu vois.

MARINE, apercevant le chevalier et Frontin.

Oui; mais, par malheur, je vois arriver ici des gens qui vengent bien M. Turcaret.

SCÈNE VIII.

LA BARONNE, LE CHEVALIER, MARINE, FRONTIN.

LE CHEVALIER, à la baronne.

Je viens, madame, vous témoigner ma reconnoissance. Sans vous j'aurois violé la foi des jôueurs : ma parole perdoit tout son crédit, et je tombois dans le mépris des honnêtes gens.

LA BARONNE.

Je suis bien aise, chevalier, de vous avoir fait ce plaisir.

LE CHEVALIER.

Ah! qu'il est doux de voir sauver son honneur par l'objet même de son amour!

MARINE, à part.

Qu'il est tendre et passionné. Le moyen de lui refuser quelque chose !

LE CHEVALIER.

Bonjour, Marine. (A la baronne, avec ironie.) Madame, j'ai aussi quelques graces à lui rendre. Frontin m'a dit qu'elle s'est intéressée à ma douleur.

MARINE.

Eh! oui, merci de ma vie, je m'y suis intéressée ; elle nous coûte assez pour cela.

LA BARONNE.

Taisez-vous, Marine. Vous avez des vivacités qui ne me plaisent pas.

LE CHEVALIER.

Eh! madame, laissez-la parler ; j'aime les gens francs et sincères.

MARINE.

Et moi, je hais ceux qui ne le sont pas.

LE CHEVALIER, à la baronne, ironiquement.

Elle est toute spirituelle dans ses mauvaises humeurs ; elle a des reparties brillantes qui m'enlèvent... (A Marine, ironiquement.) Marine, au moins, j'ai pour vous ce qui s'appelle une véritable amitié ; et je veux vous en donner des marques... (Il fait semblant de fouiller dans ses poches. A Frontin, ironiquement.) Frontin, la première fois que je gagnerai, fais-m'en ressouvenir.

FRONTIN, à Marine, ironiquement.

C'est de l'argent comptant.

MARINE.

J'ai bien affaire de son argent... Eh! qu'il ne vienne pas ici piller le nôtre.

LA BARONNE.

Prenez garde à ce que vous dites, Marine.

MARINE.
C'est voler au coin d'un bois.
LA BARONNE.
Vous perdez le respect.
LE CHEVALIER.
Ne prenez point la chose sérieusement.
MARINE, à la baronne.
Je ne puis me contraindre, madame; je ne puis voir tranquillement que vous soyez la dupe de monsieur, et que M. Turcaret soit la vôtre.
LA BARONNE.
Marine!...
MARINE l'interrompant.
Eh! fi, fi, madame, c'est se moquer de recevoir d'une main pour dissiper de l'autre; la belle conduite! Nous en aurons toute la honte, et M. le chevalier tout le profit.
LA BARONNE.
Oh! pour cela, vous êtes trop insolente; je n'y puis plus tenir.
MARINE.
Ni moi non plus.
LA BARONNE.
Je vous chasserai.
MARINE.
Vous n'aurez pas cette peine-là, madame. Je me donne mon congé moi-même; je ne

veux pas que l'on dise dans le monde que je suis infructueusement complice de la ruine d'un financier.

LA BARONNE.

Retirez-vous, impudente, et ne paroissez jamais devant moi que pour me rendre vos comptes.

MARINE.

Je les rendrai à M. Turcaret, madame; et, s'il est assez sage pour m'en croire, vous compterez aussi tous deux ensemble.

(Elle sort.)

SCÈNE IX.

LA BARONNE, LE CHEVALIER, FRONTIN.

LE CHEVALIER, à la baronne.

Voilà, je l'avoue, une créature impertinente! Vous avez eu raison de la chasser.

FRONTIN, à la baronne.

Oui, madame, vous avez eu raison. Comment donc! mais c'est une espèce de mère que cette servante-là.

LA BARONNE.

C'est un pédant éternel que j'avois aux oreilles.

FRONTIN.

Elle se mêloit de vous donner des conseils; elle vous auroit gâtée à la fin.

LA BARONNE.

Je n'avois que trop d'envie de m'en défaire ; mais je suis femme d'habitude, et je n'aime point les nouveaux visages.

LE CHEVALIER.

Il seroit pourtant fâcheux que, dans le premier mouvement de sa colère, elle allât donner à M. Turcaret des impressions qui ne conviendroient ni à vous ni à moi.

FRONTIN, à la baronne.

Oh! diable, elle n'y manquera pas. Les soubrettes sont comme les bigotes, elles font des actions charitables pour se venger.

LA BARONNE.

De quoi s'inquiéter? Je ne la crains point. J'ai de l'esprit, et M. Turcaret n'en a guère. Je ne l'aime point, et il est amoureux : je saurai me faire auprès de lui un mérite de l'avoir chassée.

FRONTIN.

Fort bien, madame, il faut tout mettre à profit.

LA BARONNE.

Mais je songe que ce n'est point assez de nous être débarrassés de Marine, il faut encore exécuter une idée qui me vient dans l'esprit.

LE CHEVALIER.

Quelle idée, madame?

LA BARONNE.

Le laquais de M. Turcaret est un sot, un benêt, dont on ne peut tirer le moindre service; et je voudrois mettre à sa place quelque habile homme, quelqu'un de ces génies supérieurs qui sont faits pour gouverner les esprits médiocres, et les tenir toujours dans la situation dont on a besoin.

FRONTIN.

Quelqu'un de ces génies supérieurs?... Je vous vois venir, madame; cela me regarde.

LE CHEVALIER, à la baronne.

Mais, en effet, Frontin ne nous sera pas inutile auprès de notre traitant.

LA BARONNE.

Je veux l'y placer.

LE CHEVALIER.

Il nous en rendra bon compte. (A Frontin.) N'est-ce pas?

FRONTIN.

Je suis jaloux de l'invention. On ne pouvoit rien imaginer de mieux. (A part.) Par ma foi, monsieur Turcaret, je vous ferai bien voir du pays, sur ma parole.

LA BARONNE, au chevalier.

Il m'a fait présent d'un billet au porteur,

de dix mille écus; je veux changer cet effet-là de nature : il en faut faire de l'argent. Je ne connois personne pour cela. Chevalier, chargez-vous de ce soin. Je vais vous remettre le billet; retirez ma bague : je suis bien aise de l'avoir, et vous me tiendrez compte du surplus.

FRONTIN.

Cela est trop juste, madame; et vous n'avez rien à craindre de notre probité.

LE CHEVALIER, à la baronne.

Je ne perdrai point de temps, madame; et vous aurez cette argent incessamment.

LA BARONNE.

Attendez un moment, je vais vous donner le billet.

(Elle passe dans son cabinet.)

SCÈNE X.

LE CHEVALIER, FRONTIN.

FRONTIN.

Un billet de dix mille écus! La bonne aubaine et la bonne femme! Il faut être aussi heureux que vous l'êtes pour en rencontrer de pareilles : savez-vous que je la trouve un peu trop crédule pour une coquette?

LE CHEVALIER.

Tu as raison.

FRONTIN.

Ce n'est pas mal payer le sacrifice de notre vieille folle de comtesse, qui n'a pas le sou.

LE CHEVALIER.

Il est vrai.

FRONTIN.

Madame la baronne est persuadée que vous avez perdu mille écus sur votre parole, et que son diamant est en gage. Le lui rendrez-vous, monsieur, avec le reste du billet?

LE CHEVALIER.

Si je le lui rendrai?

FRONTIN.

Quoi! tout entier, sans quelque nouvel article de dépense?

LE CHEVALIER.

Assurément, je me garderai bien d'y manquer.

FRONTIN.

Vous avez des moments d'équité. Je ne m'y attendois pas.

LE CHEVALIER.

Je serois un grand malheureux de m'exposer à rompre avec elle à si bon marché!

FRONTIN.

Ah! je vous demande pardon, j'ai fait un

jugement téméraire; je croyois que vous vouliez faire les choses à demi.

LE CHEVALIER.

Oh! non. Si jamais je me brouille, ce ne sera qu'après la ruine totale de M. Turcaret.

FRONTIN.

Qu'après sa destruction, la, son anéantissement.

LE CHEVALIER.

Je ne rends des soins à la coquette que pour l'aider à ruiner le traitant.

FRONTIN.

Fort bien! A ces sentiments généreux je reconnois mon maître.

LE CHEVALIER, *voyant revenir la baronne.*

Paix, Frontin; voici la baronne.

SCÈNE XI.

LA BARONNE, LE CHEVALIER, FRONTIN.

LA BARONNE, *au chevalier en lui donnant le billet au porteur.*

Allez, chevalier, allez, sans tarder davantage, négocier ce billet, et me rendez ma bague, le plus tôt que vous pourrez.

LE CHEVALIER.

Frontin, madame, va vous la rapporter incessamment... Mais, avant que je vous quitte, souffrez que, charmé de vos manières généreuses, je vous fasse connoître que...

LA BARONNE, l'interrompant.

Non, je vous le défends : ne parlons point de cela.

LE CHEVALIER.

Quelle contrainte pour un cœur aussi re-reconnoissant que le mien !

LA BARONNE, en s'en allant.

Sans adieu, chevalier. Je crois que nous nous reverrons tantôt.

LE CHEVALIER, en s'en allant aussi.

Pourrois-je m'éloigner de vous sans une si douce espérance ?

SCÈNE XII.

FRONTIN, seul.

J'admire le train de la vie humaine ! Nous plumons une coquette, la coquette mange une homme d'affaires ; l'homme d'affaires en pille d'autres : cela fait un ricochet de fourberies le plus plaisant du monde.

FIN DU PREMIER ACTE.

ACTE SECOND.

SCÈNE PREMIÈRE.

LA BARONNE, FRONTIN.

FRONTIN, *donnant le diamant à la baronne.*

Je n'ai pas perdu de temps, comme vous voyez, madame; voilà votre diamant. L'homme qui l'avoit en gage me l'a remis entre les mains, dès qu'il a vu briller le billet au porteur, qu'il veut escompter moyennant un très honnête profit. Mon maître, que j'ai laissé avec lui, va venir vous en rendre compte.

LA BARONNE.

Je suis enfin débarrassée de Marine, elle a sérieusement pris son parti. J'appréhendois que ce ne fût qu'une feinte : elle est sortie. Ainsi, Frontin, j'ai besoin d'une femme de chambre; je te charge de m'en chercher une autre.

FRONTIN.

J'ai votre affaire en main. C'est une jeune personne, douce, complaisante, comme il vous la faut. Elle verroit tout aller sens dessus dessous dans votre maison sans dire une syllabe.

LA BARONNE.

J'aime ces caractères-là. Tu la connois particulièrement ?

FRONTIN.

Très particulièrement. Nous sommes même un peu parents.

LA BARONNE.

C'est-à-dire que l'on peut s'y fier ?

FRONTIN.

Comme à moi-même. Elle est sous ma tutelle : j'ai l'administration de ses gages et de ses profits, et j'ai soin de lui fournir tous ses petits besoins.

LA BARONNE.

Elle sert sans doute actuellement ?

FRONTIN.

Non; elle est sortie de condition depuis quelques jours.

LA BARONNE.

Et pour quel sujet ?

FRONTIN.

Elle servoit des personnes qui mènent une vie retirée, qui ne reçoivent que des visites sérieuses; un mari et une femme qui s'aiment; des gens extraordinaires. Enfin c'est une maison triste : ma pupille s'y est ennuyée.

ACTE II, SCÈNE I.

LA BARONNE.

Où est-elle donc à l'heure qu'il est?

FRONTIN.

Elle est logée chez une vieille prude de ma connoissance qui, par charité, retire des femmes de chambre hors de condition, pour savoir ce qui se passe dans les familles.

LA BARONNE.

Je la voudrois avoir dès aujourd'hui. Je ne puis me passer de fille.

FRONTIN.

Je vais vous l'envoyer, madame, ou vous l'amener moi-même; vous en serez contente. Je ne vous ai pas dit toutes ses bonnes qualités : elle chante et joue à ravir de toutes sortes d'instruments.

LA BARONNE.

Mais, Frontin, vous me parlez là d'un fort joli sujet.

FRONTIN.

Je vous en réponds : aussi je la destine pour l'Opéra; mais je veux auparavant qu'elle se fasse dans le monde, car il n'en faut là que de toutes faites.

LA BARONNE.

Je l'attends avec impatience.

(Frontin sort.)

SCÈNE II.

LA BARONNE, seule.

Cette fille-là me sera d'un grand agrément : elle me divertira par ses chansons, au lieu que l'autre ne faisoit que me chagriner par sa morale... (Voyant entrer M. Turcaret, qui paroît en colère.) Mais je vois M. Turcaret... Ah! qu'il paroît agité! Marine l'aura été trouver.

SCÈNE III.

M. TURCARET, LA BARONNE.

M. TURCARET, tout essoufflé.

Ouf! je ne sais par où commencer, perfide!.

LA BARONNE, à part.

Elle lui a parlé.

M. TURCARET.

J'ai appris de vos nouvelles, déloyale! j'ai appris de vos nouvelles! On vient de me rendre compte de vos perfidies, de votre dérangement!

LA BARONNE.

Le début est agréable, et vous employez de fort jolis termes, monsieur.

M. TURCARET.

Laissez-moi parler; je veux vous dire vos vérités... Marine me les a dites... Ce beau chevalier, qui vient ici à toute heure, et qui ne m'étoit pas suspect sans raison, n'est pas votre cousin, comme vous me l'avez fait accroire. Vous avez des vues pour l'épouser et pour me planter là, moi, quand j'aurai fait votre fortune.

LA BARONNE.

Moi, monsieur, j'aimerois le chevalier?

M. TURCARET.

Marine me l'a assuré, et qu'il ne faisoit figure dans le monde qu'aux dépens de votre bourse et de la mienne, et que vous lui sacrifiez tous les présents que je vous fais.

LA BARONNE.

Marine est une fort jolie personne!... Ne vous a-t-elle dit que cela, monsieur.

M. TURCARET.

Ne me répondez point, félonne! j'ai de quoi vous confondre; ne me répondez point... Parlez, qu'est devenu, par exemple, ce gros brillant que je vous donnai l'autre jour? Montrez-le tout à l'heure, montrez-le-moi.

LA BARONNE.

Puisque vous le prenez sur ce ton-là, monsieur, je ne veux pas vous le montrer.

M. TURCARET.

Eh ! sur quel ton, morbleu ! prétendez-vous donc que je le prenne ? Oh ! vous n'en serez pas quitte pour des reproches. Ne croyez pas que je sois assez sot pour rompre avec vous sans bruit, pour me retirer sans éclat ; je veux laisser ici des marques de mon ressentiment. Je suis honnête homme : j'aime de bonne foi, je n'ai que des vues légitimes : je ne crains pas le scandale, moi. Ah ! vous n'avez pas affaire à un abbé, je vous en avertis.

(Il entre dans la chambre de la baronne.)

SCÈNE IV.

LA BARONNE, seule.

Non, j'ai affaire à un extravagant, à un possédé... Oh bien ! faites, monsieur, faites tout ce qu'il vous plaira ; je ne m'y opposerai point, je vous assure... Mais... qu'entends-je ?... Ciel ! quel désordre !... Il est effectivement devenu fou... Monsieur Turcaret, monsieur Turcaret, je vous ferai bien expier vos emportements.

SCÈNE V.

M. TURCARET, LA BARONNE.

M. TURCARET.

Me voilà à demi soulagé. J'ai déja cassé la grande glace et les plus belles porcelaines.

LA BARONNE.

Achevez, monsieur, que ne continuez-vous ?

M. TURCARET.

Je continuerai quand il me plaira, madame... Je vous apprendrai à vous jouer à un homme comme moi... Allons, ce billet au porteur, que je vous ai tantôt envoyé, qu'on me le rende.

LA BARONNE.

Que je vous le rende ? et si je l'ai aussi donné au chevalier.

M. TURCARET.

Ah ! si je le croyois !

LA BARONNE.

Que vous êtes fou ! En vérité vous me faites pitié.

M. TURCARET.

Comment donc ! au lieu de se jeter à mes genoux et de me demander grace, encore dit elle que j'ai tort, encore dit-elle que j'ai tort !

LA BARONNE.

Sans doute.

M. TURCARET.

Ah! vraiment, je voudrois bien, par plaisir, que vous entreprissiez de me persuader cela.

LA BARONNE.

Je le ferois, si vous étiez en état d'entendre raison.

M. TURCARET.

Eh! que me pourriez-vous dire, traîtresse?

LA BARONNE.

Je ne vous dirai rien... Ah, quelle fureur!

M. TURCARET, essayant de se modérer.

Eh bien! parlez, madame, parlez, je suis de sang-froid.

LA BARONNE.

Écoutez-moi donc... Toutes les extravagances que vous venez de faire sont fondées sur un faux rapport que Marine...

M. TURCARET, l'interrompant.

Un faux rapport? Ventrebleu! ce n'est point...

LA BARONNE, l'interrompant à son tour.

Ne jurez pas, monsieur; ne m'interrompez pas : songez que vous êtes de sang-froid.

M. TURCARET.

Je me tais... Il faut que je me contraigne.

ACTE II, SCÈNE V.

LA BARONNE.

Savez-vous bien pourquoi je viens de chasser Marine ?

M. TURCARET.

Oui ; pour avoir pris trop chaudement mes intérêts.

LA BARONNE.

Tout au contraire ; c'est à cause qu'elle me reprochoit sans cesse l'inclination que j'avois pour vous. « Est-il rien de si ridicule, me « disoit-elle à tous moments, que de voir la « veuve d'un colonel songer à épouser un « M. Turcaret, un homme sans naissance, « sans esprit, de la mine la plus basse... »

M. TURCARET.

Passons, s'il vous plaît, sur les qualités ; cette Marine-là est une impudente.

LA BARONNE.

« Pendant que vous pouvez choisir un « époux entre vingt personnes de la première « qualité, lorsque vous refusez votre aveu « même aux pressantes instances de toute la « famille d'un marquis dont vous êtes adorée, « et que vous avez la foiblesse de sacrifier à « ce M. Turcaret. »

M. TURCARET.

Cela n'est pas possible.

LA BARONNE.

Je ne prétends pas m'en faire un mérite, monsieur. Ce marquis est un jeune homme, fort agréable de sa personne, mais dont les mœurs et la conduite ne me conviennent point. Il vient ici quelquefois avec mon cousin le chevalier, son ami. J'ai découvert qu'il avoit gagné Marine, et c'est pour cela que je l'ai congédiée. Elle a été vous débiter mille impostures pour se venger, et vous êtes assez crédule pour y ajouter foi. Ne deviez-vous pas, dans le moment, faire réflexion que c'étoit une servante passionnée qui vous parloit ; et que, si j'avois eu quelque chose à me reprocher, je n'aurois pas été assez imprudente pour chasser une fille dont j'avois à craindre l'indiscrétion ? Cette pensée, dites-moi, ne se présente-t-elle pas naturellement à l'esprit ?

M. TURCARET.

J'en demeure d'accord ; mais...

LA BARONNE, l'interrompant.

Mais, mais vous avez tort... Elle vous a donc dit, entre autres choses, que je n'avois plus ce gros brillant qu'en badinant vous me mîtes l'autre jour au doigt, et que vous me forçâtes d'accepter ?

M. TURCARET.

Oh ! oui, elle m'a juré que vous l'aviez

donné aujourd'hui au chevalier, qui est, dit-elle, votre parent comme Jean-de-Vert.

LA BARONNE.

Et, si je vous montrois tout à l'heure ce même diamant, que diriez-vous?

M. TURCARET.

Oh! je dirois en ce cas-là que... Mais cela ne se peut pas.

LA BARONNE, lui montrant son diamant.

Le voilà, monsieur. Le reconnoissez-vous? Voyez le fond que l'on doit faire sur le rapport de certains valets.

M. TURCARET.

Ah! que cette Marine-là est une grande scélérate! Je reconnois sa friponnerie et mon injustice. Pardonnez-moi, madame, d'avoir soupçonné votre bonne foi.

LA BARONNE.

Non, vos fureurs ne sont point excusables : allez, vous êtes indigne de pardon.

M. TURCARET.

Je l'avoue.

LA BARONNE.

Falloit-il vous laisser si facilement prévenir contre une femme qui vous aime avec trop de tendresse?

M. TURCARET.

Hélas! non..... Que je suis malheureux!

LA BARONNE.

Convenez que vous êtes un homme bien foible.

M. TURCARET.

Oui, madame.

LA BARONNE.

Une franche dupe.

M. TURCARET.

J'en conviens... (A part.) Ah, Marine! coquine de Marine!... (A la baronne.) Vous ne sauriez vous imaginer tous les mensonges que cette pendarde-là m'est venue conter... Elle m'a dit que vous et M. le chevalier, vous me regardiez comme votre vache à lait; et que, si aujourd'hui pour demain je vous avois tout donné, vous me feriez fermer votre porte au nez.

LA BARONNE.

La malheureuse!

M. TURCARET.

Elle me l'a dit; c'est un fait constant : je n'invente rien, moi.

LA BARONNE.

Et vous avez eu la foiblesse de la croire un seul moment ?

M. TURCARET.

Oui, madame; j'ai donné là dedans comme un franc sot... Où diable avois-je l'esprit?

LA BARONNE.

Vous repentez-vous de votre crédulité?

M. TURCARET, se jetant à ses genoux.

Si je m'en repens?... Je vous demande mille pardons de ma colère.

LA BARONNE, le relevant.

On vous la pardonne. Levez-vous, monsieur. Vous auriez moins de jalousie si vous aviez moins d'amour, et l'excès de l'un fait oublier la violence de l'autre.

M. TURCARET.

Quelle bonté!... Il faut avouer que je suis un grand brutal!

LA BARONNE.

Mais, sérieusement, monsieur, croyez-vous qu'un cœur puisse balancer un instant entre vous et le chevalier?

M. TURCARET.

Non, madame, je ne le crois pas; mais je crains.

LA BARONNE.

Que faut-il faire pour dissiper vos craintes?

M. TURCARET.

Éloignez d'ici cet homme-là; consentez-y, madame; j'en sais les moyens.

LA BARONNE.

Eh! quels sont-ils?

M. TURCARET.

Je lui donnerai une direction en province.

LA BARONNE.

Une direction ?

M. TURCARET.

C'est ma manière d'écarter les incommodes.... Ah! combien de cousins, d'oncles et de maris j'ai fait directeurs en ma vie! J'en ai envoyé jusqu'en Canada.

LA BARONNE.

Mais, vous ne songez pas que mon cousin le chevalier est un homme de condition, et que ces sortes d'emplois ne lui conviennent pas... Allez, sans vous mettre en peine de l'éloigner de Paris, je vous jure que c'est l'homme du monde qui doit vous causer le moins d'inquiétude.

TURCARET.

Ouf, j'étouffe d'amour et de joie. Vous me dites cela d'une manière si naïve que vous me le persuadez... Adieu, mon adorable, mon tout, ma déesse... Allez, allez, je vais bien réparer la sottise que je viens de faire. Votre grande glace n'étoit pas tout-à-fait nette, au moins, et je trouvois vos porcelaines assez communes.

LA BARONNE.

Il est vrai.

M. TURCARET.
Je vais vous en chercher d'autres.
LA BARONNE.
Voilà ce que vous coûtent vos folies.
M. TURCARET.
Bagatelle !... Tout ce que j'ai cassé ne valoit pas plus de trois cents pistoles.

(Il veut s'en aller, et la baronne l'arrête.)

LA BARONNE.
Attendez, monsieur, il faut que je vous fasse une prière auparavant.
M. TURCARET.
Une prière ? Oh! donnez vos ordres.
LA BARONNE.
Faites avoir une commission, pour l'amour de moi, à ce pauvre Flamand, votre laquais. C'est un garçon pour qui j'ai pris de l'amitié.
M. TURCARET.
Je l'aurois déja poussé si je lui avois trouvé quelque disposition ; mais il a l'esprit trop bonasse ; cela ne vaut rien pour les affaires.
LA BARONNE.
Donnez-lui un emploi qui ne soit pas difficile à exercer.
M. TURCARET.
Il en aura un dès aujourd'hui ; cela vaut fait.

LA BARONNE.

Ce n'est pas tout. Je veux mettre auprès de vous Frontin, le laquais de mon cousin le chevalier; c'est aussi un très bon enfant.

M. TURCARET.

Je le prends, madame; et vous promets de le faire commis au premier jour.

SCÈNE VI.

LA BARONNE, M. TURCARET, FRONTIN.

FRONTIN, à la baronne.

Madame, vous allez bientôt avoir la fille dont je vous ai parlé.

LA BARONNE à M. Turcaret.

Monsieur, voilà le garçon que je veux vous donner.

M. TURCARET.

Il paroît un peu innocent.

LA BARONNE.

Que vous vous connoissez bien en physionomies!

M. TURCARET.

J'ai le coup d'œil infaillible... (A Frontin.) Approche, mon ami. Dis-moi un peu, as-tu déja quelques principes?

FRONTIN.

Qu'appelez-vous des principes?

M. TURCARET.

Des principes de commis; c'est-à-dire si tu sais comment on peut empêcher les fraudes ou les favoriser?

FRONTIN.

Pas encore, monsieur, mais je sens que j'apprendrai cela fort facilement.

M. TURCARET.

Tu sais du moins l'arithmétique? tu sais faire des comptes à parties simples?

FRONTIN.

Oh! oui, monsieur; je sais même faire des parties doubles. J'écris aussi de deux écritures, tantôt de l'une et tantôt de l'autre.

M. TURCARET.

De la ronde, n'est-ce pas?

FRONTIN.

De la ronde, de l'oblique.

M. TURCARET.

Comment, de l'oblique?

FRONTIN.

Eh! oui, d'une écriture que vous connoissez... la... d'une certaine écriture qui n'est pas légitime.

M. TURCARET, à la baronne.

Il veut dire de la bâtarde.

FRONTIN.

Justement; c'est ce mot-là que je cherchois.

M. TURCARET, à la baronne.

Quelle ingénuité ! Ce garçon-là, madame, est bien niais.

LA BARONNE.

Il se déniaisera dans vos bureaux.

M. TURCARET.

Oh ! qu'oui, madame, oh ! qu'oui. D'ailleurs un bel esprit n'est pas nécessaire pour faire son chemin. Hors moi et deux ou trois autres, il n'y a parmi nous que des génies assez communs. Il suffit d'un certain usage, d'une routine que l'on ne manque guère d'attraper. Nous voyons tant de gens ! nous nous étudions à prendre ce que le monde a de meilleur ; voilà toute notre science.

LA BARONNE.

Ce n'est pas la plus inutile de toutes.

M. TURCARET, à Frontin.

Oh ! çà, mon ami, tu es à moi, et tes gages courent dès ce moment.

FRONTIN.

Je vous regarde donc, monsieur, comme mon nouveau maître... Mais, en qualité d'ancien laquais de M. le chevalier, il faut que je m'acquitte d'une commission dont il m'a chargé ; il vous donne, et à madame sa cousine, à souper ici ce soir.

M. TURCARET.

Très volontiers.

FRONTIN.

Je vais ordonner chez Fite[1] toutes sortes de ragoûts, avec vingt-quatre bouteilles de vin de Champagne; et, pour égayer le repas, vous aurez des voix et des instruments.

LA BARONNE.

De la musique, Frontin?

FRONTIN.

Oui, madame; à telles enseignes que j'ai ordre de commander cent bouteilles de Surène, pour abreuver la symphonie.

LA BARONNE.

Cent bouteilles?

FRONTIN.

Ce n'est pas trop, madame. Il y aura huit concertants, quatre Italiens de Paris, trois chanteuses et deux gros chantres.

M. TURCARET.

Il a, ma foi, raison; ce n'est pas trop. Ce repas sera fort joli.

FRONTIN.

Oh, diable! quand M. le chevalier donne des soupers comme cela, il n'épargne rien, monsieur.

[1] Traiteur célèbre du temps.

M. TURCARET.

J'en suis persuadé.

FRONTIN.

Il semble qu'il ait à sa disposition la bourse d'un partisan.

LA BARONNE, à M. Turcaret.

Il veut dire qu'il fait les choses fort magnifiquement.

M. TURCARET.

Qu'il est ingénu!... (A Frontin.) Eh bien ! nous verrons cela tantôt... (A la baronne.) Et, pour surcroît de réjouissance, j'amènerai ici M. Gloutonneau [1] le poëte : aussi bien je ne saurois manger si je n'ai quelque bel esprit à ma table.

LA BARONNE.

Vous me ferez plaisir. Cet auteur apparemment est fort brillant dans la conversation ?

M. TURCARET.

Il ne dit pas quatre paroles dans un repas; mais il mange et pense beaucoup. Peste! c'est un homme bien agréable... Oh! çà, je cours chez Dautel [2] vous acheter...

---

[1] *M. Gloutonneau le poëte*, est un nom aussi significatif que *M. Gourmandin* le chanoine, dans *Crispin rival de son maître*.   E. J.

[2] Fameux bijoutier d'alors,

LA BARONNE, l'interrompant.

Prenez garde à ce que vous ferez, je vous en prie; ne vous jetez point dans une dépense...

M. TURCARET, l'interrompant à son tour.

Eh! fi! madame, fi! vous vous arrêtez à des minuties. Sans adieu, ma reine.

LA BARONNE.

J'attends votre retour impatiemment.

(M. Turcaret sort.)

SCÈNE VII.

LA BARONNE, FRONTIN.

LA BARONNE.

Enfin te voilà en train de faire ta fortune.

FRONTIN.

Oui, madame; et en état de ne pas nuire à la vôtre.

LA BARONNE.

C'est à présent, Frontin, qu'il faut donner l'essor à ce génie supérieur.

FRONTIN.

On tâchera de vous prouver qu'il n'est pas médiocre.

LA BARONNE.

Quand m'amènera-t-on cette fille?

FRONTIN.
Je l'attends ; je lui ai donné rendez-vous ici.
LA BARONNE.
Tu m'avertiras quand elle sera venue.

(Elle passe dans sa chambre.)

SCÈNE VIII.

FRONTIN, seul.

Courage, Frontin ! courage, mon ami ! la fortune t'appelle. Te voilà placé chez un homme d'affaires, par le canal d'une coquette. Quelle joie ! l'agréable perspective ! Je m'imagine que toutes les choses que je vais toucher vont se convertir en or... (Voyant paroître Lisette.) Mais j'aperçois ma pupille.

SCÈNE IX.

FRONTIN, LISETTE.

FRONTIN.
Tu sois la bienvenue, Lisette ! On t'attend avec impatience dans cette maison.
LISETTE.
J'y entre avec une satisfaction dont je tire un bon augure.
FRONTIN.
Je t'ai mise au fait sur tout ce qui s'y

passe, et sur tout ce qui s'y doit passer; tu n'as qu'à te régler là dessus. Souviens-toi seulement qu'il faut avoir une complaisance infatigable.

LISETTE.

Il n'est pas besoin de me recommander cela.

FRONTIN.

Flatte sans cesse l'entêtement que la baronne a pour le chevalier; c'est là le point.

LISETTE.

Tu me fatigues de leçons inutiles.

FRONTIN, voyant arriver le chevalier.

Le voici qui vient.

LISETTE, examinant le chevalier.

Je ne l'avois point encore vu... Ah! qu'il est bien fait, Frontin!

FRONTIN.

Il ne faut pas être mal bâti pour donner de l'amour à une coquette.

SCÈNE X.

LE CHEVALIER, FRONTIN, LISETTE.

LE CHEVALIER, à Frontin, sans voir d'abord Lisette.

Je te rencontre à propos, Frontin, pour t'apprendre... (Apercevant Lisette.) Mais que vois-je? quelle est cette beauté brillante?

FRONTIN.

C'est une fille que je donne à madame la baronne pour remplacer Marine.

LE CHEVALIER.

Et c'est sans doute une de tes amies?

FRONTIN.

Oui, monsieur; il y a long-temps que nous nous connoissons. Je suis son répondant.

LE CHEVALIER.

Bonne caution! c'est faire son éloge en un mot. Elle est, parbleu! charmante... Monsieur le répondant, je me plains de vous.

FRONTIN.

D'où vient?

LE CHEVALIER.

Je me plains de vous, vous dis-je. Vous savez toutes mes affaires, et vous me cachez les vôtres. Vous n'êtes pas un ami sincère.

FRONTIN.

Je n'ai pas voulu, monsieur...

LE CHEVALIER, l'interrompant.

La confiance pourtant doit être réciproque. Pourquoi m'avoir fait mystère d'une si belle découverte?

FRONTIN.

Ma foi, monsieur, je craignois...

LE CHEVALIER, l'interrompant.

Quoi?

FRONTIN.

Oh! monsieur, que diable! vous m'entendez de reste.

LE CHEVALIER, à part.

Le maraud! où a-t-il été déterrer ce petit minois-là?... (A Frontin.) Frontin, M. Frontin, vous avez le discernement fin et délicat quand vous faites un choix pour vous-même; mais vous n'avez pas le goût si bon pour vos amis... Ah! la piquante représentation! l'adorable grisette!

LISETTE, à part.

Que les jeunes seigneurs sont honnêtes!

LE CHEVALIER.

Non, je n'ai jamais rien vu de si beau que cette créature-là.

LISETTE, à part.

Que leurs expressions sont flatteuses!... Je ne m'étonne plus que les femmes les courent.

LE CHEVALIER, à Frontin.

Faisons un troc, Frontin; cède-moi cette fille-là, et je t'abandonne ma vieille comtesse.

FRONTIN.

Non, monsieur; j'ai les inclinations roturières; je m'en tiens à Lisette, à qui j'ai donné ma foi.

LE CHEVALIER.

Va, tu peux te vanter d'être le plus heureux faquin!... (A Lisette.) Oui, belle Lisette, vous méritez...

LISETTE, l'interrompant.

Trêve de douceurs, monsieur le chevalier. Je vais me présenter à ma maîtresse, qui ne m'a point encore vue; vous pouvez venir, si vous voulez, continuer devant elle la conversation.

(Elle passe dans la chambre de la baronne.)

SCÈNE XI.

LE CHEVALIER, FRONTIN.

LE CHEVALIER.

Parlons de choses sérieuses, Frontin. Je n'apporte point à la baronne l'argent de son billet.

FRONTIN.

Tant pis.

LE CHEVALIER.

J'ai été chercher un usurier qui m'a déja prêté de l'argent, mais il n'est plus à Paris. Des affaires, qui lui sont survenues, l'ont obligé d'en sortir brusquement; ainsi je vais te charger du billet.

FRONTIN.

Pourquoi?

LE CHEVALIER.

Ne m'as-tu pas dit que tu connoissois un agent de change qui te donneroit de l'argent à l'heure même?

FRONTIN.

Cela est vrai; mais que direz-vous à madame la baronne? Si vous lui dites que vous avez encore son billet, elle verra bien que nous n'avions pas mis son brillant en gage; car enfin elle n'ignore pas qu'un homme qui prête ne se dessaisit pas pour rien de son nantissement.

LE CHEVALIER.

Tu as raison; aussi suis-je d'avis de lui dire que j'ai touché l'argent, qu'il est chez moi, et que demain matin tu le feras apporter ici. Pendant ce temps-là, cours chez ton agent de change, et fais porter au logis l'argent que tu en recevras. Je vais t'y attendre aussitôt que j'aurai parlé à la baronne.

(Il entre dans la chambre de la baronne.)

SCÈNE XII.

FRONTIN, seul.

Je ne manque pas d'occupation, Dieu merci! il faut que j'aille chez le traiteur, de là chez l'agent de change; de chez l'agent de change au logis, et puis il faudra que je revienne ici joindre M. Turcaret. Cela s'appelle, ce me semble, une vie assez agissante... Mais patience! après quelque temps de fatigue et de peine, je parviendrai enfin à un état d'aise. Alors quelle satisfaction! quelle tranquillité d'esprit!... Je n'aurai plus à mettre en repos que ma conscience.

FIN DU SECOND ACTE.

ACTE TROISIÈME.

SCÈNE PREMIÈRE.

LA BARONNE, FRONTIN, LISETTE.

LA BARONNE.

Eh bien! Frontin, as-tu commandé le soupé? fera-t-on grand'chère?

FRONTIN.

Je vous en réponds, madame; demandez à Lisette de quelle manière je régale pour mon compte, et jugez par là de ce que je sais faire lorsque je régale aux dépens des autres.

LISETTE, à la baronne.

Il est vrai, madame; vous pouvez vous en fier à lui.

FRONTIN, à la baronne.

M. le chevalier m'attend. Je vais lui rendre compte de l'arrangement de son repas, et puis je viendrai ici prendre possession de M. Turcaret, mon nouveau maître.

(Il sort.

SCÈNE II.

LA BARONNE, LISETTE.

LISETTE.

Ce garçon-là est un garçon de mérite, madame.

LA BARONNE.

Il me paroît que vous n'en manquez pas, vous, Lisette.

LISETTE.

Il a beaucoup de savoir-faire.

LA BARONNE.

Je ne vous crois pas moins habile.

LISETTE.

Je serois bien heureuse, madame, si mes petits talents pouvoient vous être utiles.

LA BARONNE.

Je suis contente de vous... Mais j'ai un avis à vous donner ; je ne veux pas qu'on me flatte.

LISETTE.

Je suis ennemie de la flatterie.

LA BARONNE.

Surtout, quand je vous consulterai sur des choses qui me regarderont, soyez sincère.

LISETTE.

Je n'y manquerai pas.

LA BARONNE.

Je vous trouve pourtant trop de complaisance.

LISETTE.

A moi, madame?

LA BARONNR.

Oui ; vous ne combattez pas assez les sentiments que j'ai pour le chevalier.

LISETTE.

Et pourquoi les combattre? ils sont si raisonnables !

LA BARONNE.

J'avoue que le chevalier me paraît digne de toute ma tendresse.

LISETTE.

J'en fais le même jugement.

LA BARONNE.

Il a pour moi une passion véritable et constante.

LISETTE.

Un chevalier fidèle et sincère : on n'en voit guère comme cela.

LA BARONNE.

Aujourd'hui même encore il m'a sacrifié une comtesse.

LISETTE.

Une comtesse?

LA BARONNE.

Elle n'est pas, à la vérité, dans la première jeunesse.

LISETTE.

C'est ce qui rend le sacrifice plus beau. Je connois messieurs les chevaliers; une vieille dame leur coûte plus qu'une autre à sacrifier.

LA BARONNE.

Il vient de me rendre compte d'un billet que je lui ai confié. Que je lui trouve de bonne foi !

LISETTE.

Cela est admirable !

LA BARONNE.

Il a une probité qui va jusqu'au scrupule.

LISETTE.

Mais, mais voilà un chevalier unique en son espèce !

LA BARONNE.

Taisons-nous; j'aperçois M. Turcaret.

SCÈNE III.

M. TURCARET, LA BARONNE, LISETTE.

M. TURCARET, à la baronne

Je viens, madame... (Apercevant Lisette.) Oh, oh! vous avez une nouvelle femme de chambre?

LA BARONNE.

Oui, monsieur. Que vous semble de celle-ci?

M. TURCARET, *examinant Lissette.*

Ce qu'il m'en semble? elle me revient assez; il faudra que nous fassions connoissance.

LISETTE.

La connoissance sera bientôt faite, monsieur.

LA BARONNE, *à Lisette.*

Vous savez qu'on soupe ici? donnez ordre que nous ayons un couvert propre, et que l'appartement soit bien éclairé.

(*Lisette sort.*)

SCÈNE IV.

M. TURCARET, LA BARONNE.

M. TURCARET.

Je crois cette fille-là fort raisonnable.

LA BARONNE.

Elle est fort dans vos intérêts, du moins.

M. TURCARET.

Je lui en sais bon gré... Je viens, madame, de vous acheter pour dix mille francs de glaces, de porcelaines et de bureaux. Ils sont d'un goût exquis; je les ai chosis moi-même.

LA BARONNE.

Vous êtes universel, monsieur, vous vous connoissez à tout.

M. TURCARET.

Oui ! grace au ciel, et surtout en bâtiment. Vous verrez, vous verrez l'hôtel que je vais faire bâtir.

LA BARONNE.

Quoi ! vous allez faire bâtir un hôtel ?

M. TURCARET.

J'ai déja acheté la place, qui contient quatre arpents six perches neuf toises trois pieds et onze pouces. N'est-ce pas là une belle étendue ?

LA BARONNE.

Fort belle !

M. TURCARET.

Le logis sera magnifique. Je ne veux pas qu'il y manque un zéro ; je le ferois plutôt abattre deux ou trois fois.

LA BARONNE.

Je n'en doute pas.

M. TURCARET.

Malepeste ! je n'ai garde de faire quelque chose de commun, je me ferois siffler de tous les gens d'affaires.

LA BARONNE.

Assurément.

M. TURCARET, *voyant entrer le marquis.*

Quel homme entre ici ?

LA BARONNE.

C'est ce jeune marquis dont je vous ai dit que Marine avoit épousé les intérêts. Je me passerois bien de ses visites ; elles ne me font aucun plaisir.

SCÈNE V.

LE MARQUIS, M. TURCARET, LA BARONNE.

LE MARQUIS, à part.

Je parie que je ne trouverai point encore ici le chevalier.

M. TURCARET, à part.

Ah, morbleu! c'est le marquis de La Tribaudière [1]... La fâcheuse rencontre.

LE MARQUIS, à part.

Il y a près de deux jours que je le cherche... (Apercevant M. Turcaret.) Eh! que vois-je?... Oui... Non... Pardonnez-moi... Justement... c'est lui-même, c'est monsieur Turcaret... (A la baronne.) Que faites-vous de cet homme-là, madame? Vous le connoissez? Vous empruntez sur gages? Palsembleu! il vous ruinera.

LA BARONNE.

Monsieur le marquis!

---

[1] *Le marquis de la Tribaudière.* Ce nom signifie, je crois, dans l'esprit de l'auteur, *triple baudet.* E. J.

LE MARQUIS, l'interrompant.

Il vous pillera, il vous écorchera, je vous en avertis. C'est l'usurier le plus juif : il vend son argent au poids de l'or.

M. TURCARET, à part.

J'aurois mieux fait de m'en aller.

LA BARONNE, au marquis.

Vous vous méprenez, monsieur le marquis. M. Turcaret passe dans le monde pour un homme de bien et d'honneur.

LE MARQUIS.

Aussi l'est-il, madame, aussi l'est-il. Il aime le bien des hommes et l'honneur des femmes : il a cette réputation-là.

M. TURCARET.

Vous aimez à plaisanter, monsieur le marquis. (A la baronne.) Il est badin, madame, il est badin. Ne le connoissez-vous pas sur ce pied-là ?

LA BARONNE.

Oui ; je comprends bien qu'il badine, ou qu'il est mal informé.

LE MARQUIS.

Mal informé ? morbleu, madame, personne ne sauroit vous en parler mieux que moi : il a de mes nippes actuellement.

M. TURCARET.

De vos nippes, monsieur? Oh, je ferois bien serment du contraire!

LE MARQUIS.

Ah, parbleu! vous avez raison. Le diamant est à vous à l'heure qu'il est, selon nos conventions; j'ai laissé passer le terme.

LA BARONNE.

Expliquez-moi tous deux cette énigme.

M. TURCARET.

Il n'y a point d'énigme là dedans, madame. Je ne sais ce que c'est.

LE MARQUIS, à la baronne.

Il a raison : cela est fort clair ; il n'y a point d'énigme. J'eus besoin d'argent il y a quinze mois. J'avois un brillant de cinq cents louis; on m'adresse à M. Turcaret. M. Turcaret me renvoya à un de ses commis, à un certain M. Ra... Ra... Rafle. C'est celui qui tient son bureau d'usure. Cet honnête M. Rafle me prêta, sur ma bague, onze cent trente-deux livres six sous huit deniers. Il me prescrivit un temps pour la retirer. Je ne suis pas fort exact, moi : le temps est passé ; mon diamant est perdu.

M. TURCARET.

Monsieur le marquis, monsieur le marquis, ne me confondez point avec M. Rafle, je vous prie. C'est un fripon que j'ai chassé de chez moi. S'il a fait quelque mauvaise manœuvre, vous avez la voie de la justice. Je ne sais ce que c'est que votre brillant : je ne l'ai jamais vu ni manié.

LE MARQUIS.

Il me venoit de ma tante. C'étoit un des plus beaux brillants. Il étoit d'une netteté, d'une forme, d'une grosseur, à peu près comme... (Regardant le diamant de la baronne.) Hé !... le voilà, madame. Vous vous en êtes accommodée avec M. Turcaret, apparemment ?

LA BARONNE.

Autre méprise, monsieur. Je l'ai acheté, assez cher même, d'une revendeuse à la toilette.

LE MARQUIS.

Cela vient de lui, madame. Il a des revendeuses à sa disposition, et, à ce qu'on dit, même dans sa famille.

M. TURCARET.

Monsieur, monsieur !...

LA BARONNE, au marquis.

Vous êtes insultant, monsieur le marquis.

LE MARQUIS.

Non, madame ; mon dessein n'est pas d'insulter : je suis trop serviteur de M. Turcaret, quoiqu'il me traite durement. Nous avons eu autrefois ensemble un petit commerce d'amitié. Il étoit laquais de mon grand-père; il me portoit sur ses bras. Nous jouions tous les jours ensemble; nous ne nous quittions presque point. Le petit ingrat ne s'en souvient plus.

M. TURCARET.

Je me souviens... je me souviens... Le passé est passé; je ne songe qu'au présent.

LA BARONNE, au marquis.

De grace, monsieur le marquis, changeons de discours. Vous cherchez M. le chevalier.

LE MARQUIS.

Je le cherche partout, madame; aux spectacles, au cabaret, au bal, au lansquenet : je ne le trouve nulle part. Ce coquin-là se débauche; il devient libertin.

LA BARONNE.

Je lui en ferai des reproches.

LE MARQUIS.

Je vous en prie... Pour moi, je ne change point : je mène une vie réglée; je suis toujours à table, et l'on me fait crédit chez Fite et chez Lamorlière [1], parce que l'on sait que je dois bientôt hériter d'une vieille tante, et

---

[1] Autre traiteur du temps.

qu'on me voit une disposition plus que prochaine à manger sa succession.

LA BARONNE.

Vous n'êtes pas une mauvaise pratique pour les traiteurs.

LE MARQUIS.

Non, madame, ni pour les traitants. N'est-ce pas, monsieur Turcaret? Ma tante, pourtant, veut que je me corrige; et, pour lui faire accroire qu'il y a déja du changement dans ma conduite, je vais la voir dans l'état où je suis. Elle sera tout étonnée de me trouver si raisonnable; car elle m'a presque toujours vu ivre.

LA BARONNE.

Effectivement, monsieur le marquis, c'est une nouveauté que de vous voir autrement. Vous avez fait aujourd'hui un excès de sobriété.

LE MARQUIS.

J'ai soupé hier avec trois des plus jolies femmes de Paris. Nous avons bu jusqu'au jour; et j'ai été faire un petit somme chez moi, afin de pouvoir me présenter à jeun devant ma tante.

LA BARONNE.

Vous avez bien de la prudence.

LE MARQUIS.

Adieu, ma toute aimable! Dites au chevalier qu'il se rende un peu à ses amis. Prêtez-le-nous quelquefois, ou je viendrai si souvent ici que je l'y trouverai. Adieu, monsieur Turcaret. Je n'ai point de rancune, au moins. (Lui présentant la main.) Touchez là : renouvelons notre ancienne amitié. Mais dites un peu à votre ame damnée, à ce M. Rafle, qu'il me traite plus humainement la première fois que j'aurai besoin de lui.

(Il sort.)

SCÈNE VI.

M. TURCARET, LA BARONNE.

M. TURCARET.

Voilà une mauvaise connoissance, madame : c'est le plus grand fou et le plus grand menteur que je connoisse.

LA BARONNE.

C'est en dire beaucoup.

M. TURCARET.

Que j'ai souffert pendant cet entretien.

LA BARONNE.

Je m'en suis aperçue.

M. TURCARET.

Je n'aime point les malhonnêtes gens.

LA BARONNE.

Vous avez bien raison.

M. TURCARET.

J'ai été si surpris d'entendre les choses qu'il a dites, que je n'ai pas eu la force de répondre. Ne l'avez-vous pas remarqué?

LA BARONNE.

Vous en avez usé sagement. J'ai admiré votre modération.

M. TURCARET.

Moi usurier! quelle calomnie!

LA BARONNE.

Cela regarde plus M. Rafle que vous.

M. TURCARET.

Vouloir faire aux gens un crime de leur prêter sur gages. Il vaut mieux prêter sur gages que prêter sur rien.

LA BARONNE.

Assurément.

M. TURCARET.

Me venir dire au nez que j'ai été laquais de son grand-père. Rien n'est plus faux : je n'ai jamais été que son homme d'affaires.

LA BARONNE.

Quand cela seroit vrai, le beau reproche ; il y a si long-temps... cela est prescrit.

M. TURCARET.

Oui, sans doute.

LA BARONNE.

Ces sortes de mauvais contes ne font aucune impression sur mon esprit ; vous êtes trop bien établi dans mon cœur.

M. TURCARET.

C'est trop de graces que vous me faites.

LA BARONNE.

Vous êtes un homme de mérite.

M. TURCARET.

Vous vous moquez.

LA BARONNE.

Un vrai homme d'honneur.

M. TURCARET.

Oh, point du tout.

LA BARONNE.

Et vous avez trop l'air et les manières d'une personne de condition pour pouvoir être soupçonné de ne l'être pas.

SCÈNE VII.

LA BARONNE, M. TURCARET, FLAMAND.

FLAMAND, à M. Turcaret.

Monsieur...

M. TURCARET.

Que me veux-tu ?

FLAMAND.

Il est là-bas, qui vous demande.

M. TURCARET.

Qui? butor!

FLAMAND.

Ce monsieur que vous savez... la, ce monsieur... monsieur... chose...

M. TURCARET.

Monsieur chose?

FLAMAND.

Et, oui! ce commis que vous aimez tant. Drès qu'il vient pour deviser avec vous, tout aussitôt vous faites sortir tout le monde, et ne voulez pas que personne vous écoute.

M. TURCARET.

C'est M. Rafle, apparemment.

FLAMAND.

Oui, tout fin dret, monsieur; c'est lui-même.

M. TURCARET.

Je vais le trouver; qu'il m'attende.

LA BARONNE.

Ne disiez-vous pas que vous l'aviez chassé?

M. TURCARET.

Oui; et c'est pour cela qu'il vient ici. Il cherche à se raccommoder. Dans le fond, c'est un assez bon homme, homme de confiance. Je vais savoir ce qu'il me veut.

LA BARONNE.

Hé, non! non... (A Flamand.) Faites-le monter, Flamand.

(Flamand sort.)

SCÈNE VIII.

M. TURCARET, LA BARONNE.

LA BARONNE.

Monsieur, vous lui parlerez dans cette salle. N'êtes-vous pas ici chez vous?

M. TURCARET.

Vous êtes bien honnête, madame.

LA BARONNE.

Je ne veux point troubler votre conversation. Je vous laisse. N'oubliez pas la prière que je vous ai faite en faveur de Flamand.

M. TURCARET.

Mes ordres sont déja donnés pour cela: vous serez contente.

(La baronne rentre dans sa chambre.)

SCÈNE IX.

M. TURCARET, M. RAFLE.

M. TURCARET.

De quoi est-il question, monsieur Rafle? Pourquoi me venir chercher jusqu'ici? Ne savez-vous pas bien que quand on vient chez les dames, ce n'est pas pour y entendre parler d'affaires?

M. RAFLE.

L'importance de celles que j'ai à vous communiquer doit me servir d'excuse.

M. TURCARET.

Qu'est-ce que c'est donc que ces choses d'importance?

M. RAFLE.

Peut-on parler ici librement?

M. TURCARET.

Oui, vous le pouvez; je suis le maître:

M. RAFLE, *tirant des papiers de sa poche et regardant dans un bordereau.*

Premièrement, cet enfant de famille à qui nous prêtâmes l'année passée trois mille livres, et à qui je fis faire un billet de neuf par votre ordre, se voyant sur le point d'être inquiété pour le paiement, a déclaré la chose à son oncle le président, qui, de concert avec toute la famille, travaille actuellement à vous perdre.

M. TURCARET.

Peine perdue que ce travail-là. Laissons-les venir; je ne prends pas facilement l'épouvante.

M. RAFLE, après avoir regardé de nouveau
dans son bordereau.

Ce caissier que vous avez cautionné, et qui vient de faire banqueroute de deux cent mille écus...

M. TURCARET, l'interrompant.

C'est par mon ordre qu'il... Je sais où il est.

M. RAFLE.

Mais les procédures se font contre vous. L'affaire est pressante.

M. TURCARET.

On l'accommodera. J'ai pris mes mesures : cela sera réglé demain.

M. RAFLE.

J'ai peur que ce ne soit trop tard.

M. TURCARET.

Vous êtes trop timide. Avez-vous passé chez ce jeune homme de la rue Quincampoix, à qui j'ai fait avoir une caisse ?

M. RAFLE.

Oui, monsieur. Il veut bien vous prêter vingt mille francs des premiers deniers qu'il touchera, à condition qu'il fera valoir à son profit ce qui pourra lui rester à la compagnie, et que vous prendrez son parti si l'on vient à s'apercevoir de la manœuvre.

M. TURCARET.

Cela est dans les règles ; il n'y a rien de

plus juste : voilà un garçon raisonnable. Vous lui direz, monsieur Rafle, que je le protégerai dans toutes ses affaires. Y a-t-il encore quelque chose ?

M. RAFLE, après avoir regardé dans le bordereau.

Ce grand homme sec qui vous donna, il y a deux mois, deux mille francs pour une direction que vous lui avez fait avoir à Valogne...

M. TURCARET, l'interrompant.

Hé bien ?

M. RAFLE.

Il lui est arrivé un malheur.

M. TURCARET.

Quoi ?

M. RAFLE.

On a surpris sa bonne foi ; on lui a volé quinze mille francs. Dans le fond, il est trop bon.

M. TURCARET.

Trop bon ! trop bon ! Et pourquoi diable s'est-il donc mis dans les affaires ? Trop bon ! trop bon !

M. RAFLE.

Il m'a écrit une lettre fort touchante, par laquelle il vous prie d'avoir pitié de lui.

M. TURCARET.

Papier perdu, lettre inutile.

ACTE III, SCÈNE IX.

M. RAFLE.

Et de faire en sorte qu'il ne soit point révoqué.

M. TURCARET.

Je ferai plutôt en sorte qu'il le soit : l'emploi me reviendra ; je le donnerai à un autre pour le même prix.

M. RAFLE.

C'est ce que j'ai pensé comme vous.

M. TURCARET.

J'agirois contre mes intérêts ; je mériterois d'être cassé à la tête de la compagnie.

M. RAFLE.

Je ne suis pas plus sensible que vous aux plaintes des sots. Je lui ai déja fait réponse, et lui ai mandé tout net qu'il ne devoit point compter sur vous.

M. TURCARET.

Non, parbleu !

M. RAFLE, *regardant pour la dernière fois dans son bordereau.*

Voulez-vous prendre, au denier quatorze, cinq mille francs qu'un honnête serrurier de ma connoissance a amassés par son travail et par ses épargnes ?

M. TURCARET.

Oui, oui, cela est bon : je lui ferai ce plaisir-là. Allez me le chercher ; je serai au logis dans un quart d'heure. Qu'il apporte l'espèce. Allez, allez.

M. RAFLE, faisant quelques pas pour sortir et revenant.

J'oubliois la principale affaire : je ne l'ai pas mise sur mon agenda.

M. TURCARET.

Qu'est-ce que c'est que cette principale affaire ?

M. RAFLE.

Une nouvelle qui vous surprendra fort. Madame Turcaret est à Paris.

M. TURCARET, à demi-voix.

Parlez bas, monsieur Rafle, parlez bas.

M. RAFLE, à demi-voix.

Je la rencontrai hier dans un fiacre avec une manière de jeune seigneur, dont le visage ne m'est pas tout-à-fait inconnu, et que je viens de trouver dans cette rue-ci en arrivant.

M. TURCARET, à demi-voix.

Vous ne lui parlâtes point ?

M. RAFLE, à demi-voix.

Non ; mais elle m'a fait prier ce matin de ne vous en rien dire, et de vous faire souvenir seulement qu'il lui est dû quinze mois de la pension de quatre mille livres que vous lui donnez pour la tenir en province : elle ne s'en retournera point qu'elle ne soit payée.

M. TURCARET, à demi-voix.

Oh, ventrebleu! monsieur Rafle, qu'elle le soit. Défaisons-nous promptement de cette créature-là. Vous lui porterez dès aujourd'hui les cinq cents pistoles du serrurier; mais qu'elle parte dès demain.

M. RAFLE, à demi-voix.

Oh! elle ne demandera pas mieux. Je vais chercher le bourgeois et le mener chez vous.

M. TURCARET, à demi-voix.

Vous m'y trouverez.

(M. Rafle sort.)

SCÈNE X.

M. TURCARET, seul.

Malepeste! ce seroit une sotte aventure si madame Turcaret s'avisoit de venir en cette maison : elle me perdroit dans l'esprit de ma baronne, à qui j'ai fait accroire que j'étois veuf.

SCÈNE XI.

LISETTE, M. TURCARET.

LISETTE.

Madame m'a envoyée savoir, monsieur, si vous étiez encore ici en affaire.

M. TURCARET.

Je n'en avois point, mon enfant. Ce sont des bagatelles dont de pauvres diables de commis s'embarrassent la tête, parce qu'ils ne sont pas faits pour les grandes choses.

SCÈNE XII.

M. TURCARET, LISETTE, FRONTIN.

FRONTIN, à M. Turcaret.

Je suis ravi, monsieur, de vous trouver en conversation avec cette aimable personne. Quelque intérêt que j'y prenne, je me garderai bien de troubler un si doux entretien.

M. TURCARET.

Tu ne seras point de trop. Approche, Frontin, je te regarde comme un homme tout à moi, et je veux que tu m'aides à gagner l'amitié de cette fille-là.

LISETTE.

Cela ne sera pas bien difficile.

FRONTIN, à M. Turcaret.

Oh, pour cela non! Je ne sais pas, monsieur, sous quelle heureuse étoile vous êtes né; mais tout le monde a naturellement un grand foible pour vous.

M. TURCARET.

Cela ne vient point de l'étoile, cela vient des manières.

LISETTE.

Vous les avez si belles, si prévenantes.

M. TURCARET.

Comment le sais-tu?

LISETTE.

Depuis le temps que je suis ici, je n'entends dire autre chose à madame la baronne.

M. TURCARET.

Tout de bon?

FRONTIN.

Cette femme-là ne sauroit cacher sa foiblesse : elle vous aime si tendrement... Demandez, demandez à Lisette.

LISETTE.

Oh! c'est vous qu'il faut en croire, monsieur Frontin.

FRONTIN.

Non, je ne comprends pas moi-même tout ce que je sais là dessus; et ce qui m'étonne davantage, c'est l'excès où cette passion est parvenue, sans pourtant que M. Turcaret se soit donné beaucoup de peine pour chercher à la mériter.

M. TURCARET.

Comment, comment l'entends-tu?

FRONTIN.

Je vous ai vu vingt fois, monsieur, manquer d'attention pour certaines choses...

M. TURCARET, l'interrompant.

Oh, parbleu ! je n'ai rien à me reprocher là dessus.

LISETTE.

Oh! non : je suis sûre que monsieur n'est pas homme à laisser échapper la moindre occasion de faire plaisir aux personnes qu'il aime. Ce n'est que par là qu'on mérite d'être aimé.

FRONTIN, à M. Turcaret.

Cependant, monsieur ne le mérite pas autant que je le voudrois.

M. TURCARET.

Explique-toi donc.

FRONTIN.

Oui; mais ne trouvez-vous point mauvais qu'en serviteur fidèle et sincère je prenne la liberté de vous parler à cœur ouvert ?

M. TURCARET.

Parle.

FRONTIN.

Vous ne répondez pas assez à l'amour que madame la baronne a pour vous.

M. TURCARET.

Je n'y réponds pas ?

FRONTIN.

Non, monsieur... (à Lisette.) Je t'en fais juge, Lisette. Monsieur, avec tout son esprit, fait des fautes d'attention.

M. TURCARET.

Qu'appelles-tu donc des fautes d'attention?

FRONTIN.

Un certain oubli, certaine négligence...

M. TURCARET.

Mais encore?

FRONTIN.

Mais, par exemple, n'est-ce pas une chose honteuse que vous n'ayez pas encore songé à lui faire présent d'un équipage?

LISETTE, à M. Turcaret.

Ah! pour cela, monsieur, il a raison. Vos commis en donnent bien à leurs maîtresses.

M. TURCARET.

A quoi bon un équipage? N'a-t-elle pas le mien dont elle dispose quand il lui plaît?

FRONTIN.

Oh! monsieur, avoir un carrosse à soi, ou être obligé d'emprunter ceux de ses amis, cela est bien différent.

LISETTE, à M. Turcaret.

Vous êtes trop dans le monde pour ne le pas connoître. La plupart des femmes sont plus sensibles à la vanité d'avoir un équipage qu'au plaisir même de s'en servir.

M. TURCARET.

Oui, je comprends cela.

FRONTIN.

Cette fille-là, monsieur, est de fort bon sens. Elle ne parle pas mal, au moins.

M. TURCARET.

Je ne te trouve pas si sot, non plus, que je t'ai cru d'abord, toi, Frontin.

FRONTIN.

Depuis que j'ai l'honneur d'être à votre service, je sens, de moment en moment, que l'esprit me vient. Oh! je prévois que je profiterai beaucoup avec vous.

M. TURCARET.

Il ne tiendra qu'à toi.

FRONTIN.

Je vous proteste, monsieur, que je ne manque pas de bonne volonté. Je donnerois donc à madame la baronne un bon grand carrosse, bien étoffé.

M. TURCARET.

Elle en aura un. Vos réflexions sont justes : elles me déterminent.

FRONTIN.

Je savois bien que ce n'étoit qu'une faute d'attention.

M. TURCARET.

Sans doute ; et, pour marque de cela, je vais de ce pas commander un carrosse.

FRONTIN.

Fi donc ! monsieur, il ne faut pas que vous paroissiez là dedans, vous ; il ne seroit pas honnête que l'on sût dans le monde que vous donnez un carrosse à madame la baronne. Servez-vous d'un tiers, d'une main étrangère, mais fidèle. Je connois deux ou trois selliers qui ne savent point encore que je suis à vous ; si vous voulez, je me chargerai du soin.

M. TURCARET, l'interrompant.

Volontiers. Tu me parois assez entendu ; je m'en rapporte à toi... (Lui donnant sa bourse.) Voilà soixante pistoles que j'ai de reste dans ma bourse, tu les donneras à compte.

FRONTIN, prenant la bourse.

Je n'y manquerai pas, monsieur. A l'égard des chevaux, j'ai un maître maquignon, qui est mon neveu à la mode de Bretagne ; il vous en fournira de fort beaux.

M. TURCARET.

Qu'il me vendra bien cher, n'est-ce pas ?

FRONTIN.

Non, monsieur ; il vous les vendra en conscience.

M. TURCARET.

La conscience d'un maquignon !

FRONTIN.

Oh ! je vous en réponds, comme la mienne.

M. TURCARET.

Sur ce pied-là, je me servirai de lui.

FRONTIN.

Autre faute d'attention...

M. TURCARET, l'interrompant.

Oh ! va te promener avec tes fautes d'attention... Ce coquin-là me ruineroit à la fin... Tu diras, de ma part, à madame la baronne, qu'une affaire, qui sera bientôt terminée, m'appelle au logis.

(Il sort.)

SCÈNE XIII.

FRONTIN, LISETTE.

FRONTIN.

Cela ne commence pas mal.

LISETTE.

Non, pour madame la baronne ; mais pour nous ?

FRONTIN.

Voilà toujours soixante pistoles que nous pouvons garder. Je les gagnerai bien sur l'équipage; serre-les : ce sont les premiers fondemens de notre communauté.

LISETTE.

Oui ; mais il faut promptement bâtir sur ces fondemens-là ; car je fais des réflexions morales, je t'en avertis.

FRONTIN.

Peut-on les savoir ?

LISETTE.

Je m'ennuie d'être soubrette.

FRONTIN.

Comment, diable ! tu deviens ambitieuse ?

LISETTE.

Oui, mon enfant. Il faut que l'air qu'on respire dans une maison fréquentée par un financier soit contraire à la modestie ; car, depuis le peu de temps que j'y suis, il me vient des idées de grandeur que je n'ai jamais eues. Hâte-toi d'amasser du bien, autrement, quelque engagement que nous ayons ensemble, le premier riche faquin qui viendra pour m'épouser...

FRONTIN.

Mais donne-moi donc le temps de m'enrichir.

LISETTE.

Je te donne trois ans ; c'est assez pour un homme d'esprit.

FRONTIN.

Je ne te demande pas davantage... C'est assez, ma princesse. Je vais ne rien épargner pour vous mériter ; et, si je manque d'y réussir, ce ne sera pas faute d'attention.

SCÈNE XIV.

LISETTE, seule.

Je ne saurois m'empêcher d'aimer ce Frontin : c'est mon chevalier, à moi ; et, au train que je lui vois prendre, j'ai un secret pressentiment qu'avec ce garçon-là je deviendrai quelque jour femme de qualité.

FIN DU TROISIÈME ACTE.

ACTE QUATRIÈME.

SCÈNE PREMIÈRE.

LE CHEVALIER, FRONTIN.

LE CHEVALIER.

Que fais-tu ici? Ne m'avois-tu pas dit que tu retournerois chez ton agent de change? Est-ce que tu ne l'aurois pas encore trouvé au logis?

FRONTIN.

Pardonnez-moi, monsieur; mais il n'étoit pas en fonds : il n'avoit pas chez lui toute la somme. Il m'a dit de retourner ce soir. Je vais vous rendre le billet, si vous voulez.

LE CHEVALIER.

Eh! garde-le; que veux-tu que j'en fasse?... La baronne est là dedans? Que fait-elle?

FRONTIN.

Elle s'entretient avec Lisette d'un carrosse que je vais ordonner pour elle, et d'une certaine maison de campagne qui lui plaît, et qu'elle veut louer, en attendant que je lui en fasse faire l'acquisition.

LE CHEVALIER.

Un carrosse, une maison de campagne? Quelle folie!

FRONTIN.

Oui ; mais tout cela se doit faire aux dépens de M. Turcaret. Quelle sagesse!

LE CHEVALIER.

Cela change la thèse.

FRONTIN.

Il n'y a qu'une chose qui l'embarrassoit.

LE CHEVALIER.

Et quoi?

FRONTIN.

Une petite bagatelle.

LE CHEVALIER.

Dis-moi donc ce que c'est?

FRONTIN.

Il faut meubler cette maison de campagne. Elle ne savoit comment engager à cela M. Turcaret; mais le génie supérieur qu'elle a placé auprès de lui s'est chargé de ce soin-là.

LE CHEVALIER.

De quelle manière t'y prendras-tu?

FRONTIN.

Je vais chercher un vieux coquin de ma connoissance, qui nous aidera à tirer dix mille francs dont nous avons besoin pour nous meubler.

ACTE IV, SCÈNE I.

LE CHEVALIER.

As-tu bien fait attention à ton stratagème ?

FRONTIN.

Oh ! que oui, monsieur ; c'est mon fort que l'attention. J'ai tout cela dans ma tête ; ne vous mettez pas en peine. Un petit acte supposé... un faux exploit...

LE CHEVALIER, l'interrompant.

Mais, prends-y garde, Frontin ; M. Turcaret sait les affaires.

FRONTIN.

Mon vieux coquin les sait encore mieux que lui. C'est le plus habile, le plus intelligent écrivain !...

LE CHEVALIER.

C'est une autre chose.

FRONTIN.

Il a presque toujours eu son logement dans les maisons du roi, à cause de ses écritures.

LE CHEVALIER.

Je n'ai plus rien à te dire.

FRONTIN.

Je sais où le trouver, à coup sûr ; et nos machines seront bientôt prêtes... Adieu ; voilà M. le marquis qui vous cherche.

(Il sort.)

SCÈNE II.

LE MARQUIS, LE CHEVALIER.

LE MARQUIS.

Ah, palsembleu! chevalier, tu deviens bien rare. On ne te trouve nulle part. Il y a vingt-quatre heures que je te cherche pour te consulter sur une affaire de cœur.

LE CHEVALIER.

Et depuis quand te mêles-tu de ces sortes d'affaires, toi?

LE MARQUIS.

Depuis trois ou quatre jours.

LE CHEVALIER.

Et tu m'en fais aujourd'hui la première confidence? Tu deviens bien discret.

LE MARQUIS.

Je me donne au diable si j'y ai songé. Une affaire de cœur ne me tient au cœur que très foiblement, comme tu sais. C'est une conquête que j'ai faite par hasard, que je conserve par amusement, et dont je me déferai par caprice, ou par raison, peut-être.

LE CHEVALIER.

Voilà un bel attachement!

LE MARQUIS.

Il ne faut pas que les plaisirs de la vie nous

occupent trop sérieusement. Je ne m'embarrasse de rien, moi... Elle m'avoit donné son portrait; je l'ai perdu. Un autre s'en pendroit : (faisant le geste de montrer quelque chose qui n'a nulle valeur.) je m'en soucie comme de cela.

LE CHEVALIER.

Avec de pareils sentiments tu dois te faire adorer. Mais, dis-moi un peu, qu'est-ce que cette femme-là?

LE MARQUIS.

C'est une femme de qualité, une comtesse de province; car elle me l'a dit.

LE CHEVALIER.

Et quel temps as-tu pris pour faire cette conquête-là? Tu dors tout le jour et bois toute la nuit ordinairement.

LE MARQUIS.

Oh! non pas, non pas, s'il vous plaît; dans ce temps-ci il y a des heures de bal; c'est là qu'on trouve de bonnes occasions.

LE CHEVALIER.

C'est-à-dire que c'est une connoissance de bal?

LE MARQUIS.

Justement. J'y allai l'autre jour, un peu chaud de vin : j'étois en pointe; j'agaçois les jolis masques. J'aperçois une taille, un air de gorge, une tournure de hanches... J'aborde, je prie, je presse, j'obtiens qu'on se démasque; je vois une personne...

LE CHEVALIER, l'interrompant.

Jeune, sans doute?

LE MARQUIS.

Non, assez vieille.

LE CHEVALIER.

Mais belle encore, et des plus agréables?

LE MARQUIS.

Pas trop belle.

LE CHEVALIER.

L'amour, à ce que je vois, ne t'aveugle pas.

LE MARQUIS.

Je rends justice à l'objet aimé.

LE CHEVALIER.

Elle a donc de l'esprit?

LE MARQUIS.

Oh! pour de l'esprit, c'est un prodige! Quel flux de pensées, quelle imagination! Elle me dit cent extravagances qui me charmèrent.

LE CHEVALIER.

Quel fut le résultat de la conversation?

LE MARQUIS.

Le résultat? Je la ramenai chez elle avec sa compagnie: je lui offris mes services; et la vieille folle les accepta.

LE CHEVALIER.

Tu l'as revue depuis?

ACTE IV, SCÈNE II.

LE MARQUIS.

Le lendemain au soir, dès que je fus levé, je me rendis à son hôtel.

LE CHEVALIER.

Hôtel garni, apparemment?

LE MARQUIS.

Oui, hôtel garni.

LE CHEVALIER.

Hé bien?

LE MARQUIS.

Hé bien! autre vivacité de conversation; nouvelles folies, tendres protestations de ma part, vives reparties de la sienne. Elle me donna ce maudit portrait, que j'ai perdu avant-hier; je ne l'ai pas revu depuis. Elle m'a écrit; je lui ai fait réponse : elle m'attend aujourd'hui; mais je ne sais ce que je dois faire. Irai-je, ou n'irai-je pas? Que me conseilles-tu? C'est pour cela que je te cherche.

LE CHEVALIER.

Si tu n'y vas pas, cela sera malhonnête.

LE MARQUIS.

Oui; mais si j'y vais aussi, cela paroîtra bien empressé. La conjoncture est délicate. Marquer tant d'empressement, c'est courir après une femme; cela est bien bourgeois! qu'en dis-tu?

LE CHEVALIER.

Pour te donner conseil là dessus, il faudroit connoître cette personne-là.

LE MARQUIS.

Il faut te la faire connoître. Je veux te donner ce soir à souper chez elle avec ta baronne.

LE CHEVALIER.

Cela ne se peut pas pour ce soir; car je donne à souper ici.

LE MARQUIS.

A souper ici? je t'amène ma conquête.

LE CHEVALIER.

Mais la baronne...

LE MARQUIS, *l'interrompant.*

Oh! la baronne s'accommodera fort de cette femme-là; il est bon même qu'elles fassent connoissance : nous ferons quelquefois de petites parties carrées.

LE CHEVALIER.

Mais ta comtesse ne fera-t-elle pas difficulté de venir avec toi, tête-à-tête, dans une maison?

LE MARQUIS, *l'interrompant.*

Des difficultés. Oh! ma comtesse n'est point difficultueuse ; c'est une personne qui sait vivre, une femme revenue des préjugés de l'éducation.

ACTE IV, SCÈNE III.

LE CHEVALIER.

Hé bien, amène-la! tu nous feras plaisir.

LE MARQUIS.

Tu en seras charmé, toi. Les jolies manières! Tu verras une femme vive, pétulante, distraite, étourdie, dissipée, et toujours barbouillée de tabac. On ne la prendroit pas pour une femme de province.

LE CHEVALIER.

Tu en fais un beau portrait. Nous verrons si tu n'es pas un peintre flatteur.

LE MARQUIS.

Je vais la chercher. Sans adieu, chevalier.

LE CHEVALIER.

Serviteur, marquis.

(Le marquis sort.)

SCÈNE III.

LE CHEVALIER, seul.

Cette charmante conquête du marquis est apparemment une comtesse comme celle que j'ai sacrifiée à la baronne.

SCÈNE IV.

LA BARONNE, LE CHEVALIER.

LA BARONNE.

Que faites-vous donc là seul, chevalier ? Je croyois que le marquis étoit avec vous.

LE CHEVALIER, riant.

Il sort dans le moment, madame... Ha, ha, ha!

LA BARONNE.

De quoi riez-vous donc?

LE CHEVALIER.

Ce fou de marquis est amoureux d'une femme de province, d'une comtesse qui loge en chambre garnie. Il est allé la prendre chez elle pour l'amener ici. Nous en aurons le divertissement.

LA BARONNE.

Mais, dites-moi, chevalier, les avez-vous priés à souper.

LE CHEVALIER.

Oui, madame : augmentation de convives, surcroît de plaisir. Il faut amuser M. Turcaret, le dissiper.

LA BARONNE.

La présence du marquis le divertira mal. Vous ne savez pas qu'ils se connoissent. Ils ne s'aiment point. Il s'est passé tantôt entre eux une scène ici...

LE CHEVALIER, l'interrompant.

Le plaisir de la table raccommode tout. Ils ne sont peut-être pas si mal ensemble qu'il soit impossible de les réconcilier. Je me charge de cela : reposez-vous sur moi. M. Turcaret est un bon sot.

LA BARONNE, voyant entrer M. Turcaret.

Taisez-vous ; je crois que le voici... Je crains qu'il ne vous ait entendu.

SCÈNE V.

M. TURCARET, LA BARONNE, LE CHEVALIER.

LE CHEVALIER, à M. Turcaret en l'embrassant.

M. Turcaret veut bien permettre qu'on l'embrasse, et qu'on lui témoigne la vivacité du plaisir qu'on aura tantôt de se trouver avec lui le verre à la main ?

M. TURCARET, avec embarras.

Le plaisir de cette vivacité-là..., monsieur, sera... bien réciproque. L'honneur que je reçois d'une part, joint à... la satisfaction que... l'on trouve de l'autre... (montrant la baronne.) avec madame, fait en vérité que... je vous assure... que... je suis fort aise de cette partie-là.

LA BARONNE.

Vous allez, monsieur, vous engager dans des compliments qui embarrasseront aussi M. le chevalier; vous ne finirez ni l'un ni l'autre.

LE CHEVALIER, à M. Turcaret.

Ma cousine a raison; supprimons la cérémonie, et ne songeons qu'à nous réjouir. Vous aimez la musique?

M. TURCARET.

Si je l'aime? malepeste! Je suis abonné à l'Opéra.

LE CHEVALIER.

C'est la passion dominante des gens du beau monde.

M. TURCARET.

C'est la mienne.

LE CHEVALIER.

La musique remue les passions.

M. TURCARET.

Terriblement! Une belle voix soutenue d'une trompette, cela jette dans une douce rêverie.

LA BARONNE.

Que vous avez le goût bon!

LE CHEVALIER, à M. Turcaret.

Oui, vraiment... Que je suis un grand sot de n'avoir pas songé à cet instrument-là!...

(*Voulant sortir.*) Oh, parbleu ! puisque vous êtes dans le goût des trompettes, je vais moi-même donner ordre...

M. TURCARET, l'arrêtant.

Je ne souffrirai point cela, monsieur le chevalier. Je ne prétends point que pour une trompette...

LA BARONNE, bas à M. Turcaret.

Laissez-le aller, monsieur.

(*Le chevalier sort.*)

SCÈNE VI.

M. TURCARET, LA BARONNE.

LA BARONNE.

Et quand nous pouvons être seuls quelques moments ensemble, épargnons-nous, autant qu'il nous sera possible, la présence des importuns.

M. TURCARET.

Vous m'aimez plus que je ne mérite, madame.

LA BARONNE.

Qui ne vous aimeroit pas? Mon cousin le chevalier lui-même a toujours eu un attachement pour vous...

M. TURCARET, l'interrompant.

Je lui suis bien obligé.

LA BARONNE.

Une attention pour tout ce qui peut vous plaire...

M. TURCARET, l'interrompant.

Il me paroît fort bon garçon.

SCÈNE VII.

LA BARONNE, M. TURCARET, LISETTE.

LA BARONNE, à Lisette.

Qu'y a-t-il Lisette?

LISETTE.

Un homme vêtu de gris-noir, avec un rabat sale et une vieille perruque.... (Bas.) Ce sont les meubles de la maison de campagne.

LA BARONNE.

Qu'on fasse entrer.

SCÈNE VIII.

M. TURCARET, LA BARONNE, FRONTIN, LISETTE, M. FURET.

M. FURET, à la baronne et à Lisette.

Qui de vous deux, mesdames, est la maîtresse de céans?

LA BARONNE.

C'est moi. Que voulez-vous?

M. FURET.

Je ne répondrai point qu'au préalable je ne me sois donné l'honneur de vous saluer, vous, madame, et toute l'honorable compagnie, avec tout le respect dû et requis.

M. TURCARET, à part.

Voilà un plaisant original!

LISETTE, à M. Furet.

Sans tant de façons, monsieur, dites-nous au préalable qui vous êtes.

M. FURET.

Je suis huissier à verge, à votre service ; et je me nomme M. Furet.

LA BARONNE.

Chez moi un huissier!

FRONTIN.

Cela est bien insolent.

M. TURCARET, à la baronne.

Voulez-vous, madame, que je jette ce drôle-là par les fenêtres? Ce n'est pas le premier coquin que...

M. FURET, l'interrompant.

Tout beau, monsieur! D'honnêtes huissiers comme moi ne sont point exposés à de pareilles aventures. J'exerce mon petit ministère d'une façon si obligeante, que toutes les personnes de qualité se font un plaisir de recevoir un exploit de ma main. (Tirant un papier de sa poche.) En voici un que j'aurai, s'il vous plaît, l'honneur (avec votre permission, monsieur), que j'aurai l'honneur de présenter respectueusement à madame... sous votre bon plaisir, monsieur.

LA BARONNE.

Un exploit à moi?... (A Lisette.) Voyez ce que c'est, Lisette.

LISETTE.

Moi, madame, je n'y connois rien : je ne sais lire que des billets doux... (A Frontin.) Regarde, toi, Frontin.

FRONTIN.

Je n'entends pas encore les affaires.

M. FURET, à la baronne.

C'est pour une obligation que défunt M. le baron de Porcandorf[1], votre époux...

LA BARONNE, l'interrompant.

Feu mon époux, monsieur? Cela ne me regarde point; j'ai renoncé à la communauté.

M. TURCARET.

Sur ce pied-là, on n'a rien à vous demander.

M. FURET.

Pardonnez-moi, monsieur, l'acte étant signé par madame.

---

[1] *Le baron de Porcandorf.* Ce nom méprisant forgé à plaisir, est composé des mots françois *porc*, et *can*, pour chien en picard, et de l'allemand *dorf* village. Je connois à Paris un traiteur qui s'appelle *Porcabœuf* (porc, cat, bœuf). Le Sage pourroit bien avoir formé le premier nom sur le modèle du second. E. J.

ACTE IV, SCÈNE VIII.

M. TURCARET, l'interrompant.

L'acte est donc solitaire?

M. FURET.

Oui, monsieur, très solidaire, et même avec déclaration d'emploi... Je vais vous en lire les termes ; ils sont énoncés dans l'exploit.

M. TURCARET.

Voyons si l'acte est en bonne forme.

M. FURET, après avoir mis des lunettes, lisant son exploit.

« Par devant, etc., furent présents, en
« leurs personnes, haut et puissant seigneur
« George-Guillaume de Porcandorf, et dame
« Agnès-Ildegonde de La Dolinvillière [1], son
« épouse, de lui dûment autorisée à l'effet des
« présentes, lesquels ont reconnu devoir à
« Éloi-Jerôme Poussif [2], marchand de che-
« vaux, la somme de dix mille livres... »

---

[1] *Dame Agnès de la Dolinvillière. Dolinvillière* nom de cette baronne qui fait l'Agnès, et friponne son galant, me paroît formé du latin *dolus*, tromperie, en vieux françois *dol*, et par conséquent l'opposé de celui d'Agnès.
  E. J.

[2] *Eloi poussif*, marchand de chevaux, est encore un nom forgé à dessein, et bien significatif. *Poussif*, parce que les maquignons sont sujets à vendre des chevaux poussifs; *Eloi* parce que c'est le nom d'un saint, à la fois évêque et maréchal, et patron des marchands de chevaux.
  E. J.

LA BARONNE, *l'interrompant.*

Dix mille livres !

LISETTE.

La maudite obligation !

M. FURET, *continuant à lire son exploit.*

« Pour un équipage fourni par ledit Pous-
« sif, consistant en douze mulets, quinze che-
« vaux normands sous poil roux, et trois bar-
« deaux d'Auvergne, ayant tous crins, queues
« et oreilles, et garnis de leurs bâts, selles,
« brides et licols... »

LISETTE, *l'interrompant.*

Brides et licols ! Est-ce à une femme à payer
ces sortes de nippes-là ?

M. TURCARET.

Ne l'interrompez point... (A M. Furet.) Achevez, mon ami.

M. FURET, *achevant de lire son exploit.*

« Au paiement desquelles dix mille livres
« lesdits débiteurs ont obligé, affecté et hy-
« pothéqué généralement tous leurs biens pré-
« sents et à venir, sans division ni discussion,
« renonçant auxdits droits ; et pour l'exécu-
« tion des présentes, ont élu domicile chez
« Innocent-Blaise Le Juste[1], ancien procu-

---

[1] *Innocent Blaise le Juste, ancien procureur au Châtelet, demeurant rue du Bout-du-Monde.* Remarquez encore ces noms significatifs, et ces qualifications causti-
ques. Comme il y avoit en Bretagne, près de Brest, une

ACTE IV, SCÈNE VIII.

« reur au Châtelet, demeurant rue du Bout
« du-Monde. Fait et passé, etc. »

FRONTIN, à M. Turcaret.

L'acte est-il en bonne forme, monsieur?

M. TURCARET.

Je n'y trouve rien à redire que la somme.

M. FURET.

Que la somme, monsieur? Oh! il n'y a rien à redire à la somme; elle est fort bien énoncée.

M. TURCARET, à la baronne.

Cela est chagrinant.

LA BARONNE.

Comment! chagrinant? Est-ce qu'il faudra qu'il m'en coûte sérieusement dix mille livres pour avoir signé?

LISETTE.

Voilà ce que c'est que d'avoir trop de complaisance pour un mari! Les femmes ne se corrigeront-elles jamais de ce défaut-là?

---

abbaye célèbre nommé *Saint-Mathieu du Bout-du-monde*, en breton, *Pen-ar-bed*, en françois, *Finisterre*, du latin *finis terræ*, laquelle a donné le nom à un département, et que l'on dit un *fesse-mathieu* pour un usurier, pour un homme qui prête sur gages, parce que Saint-Mathieu étoit un publicain, je pense que c'est pour cela qu'il loge *Innocent le Juste*, *procureur*, dans la rue du Bout-du-Monde.   E. J.

LA BARONNE.

Quelle injustice!... (A M. Turcaret.) N'y a-t-il pas moyen de revenir contre cet acte-là, monsieur Turcaret?

M. TURCARET.

Je n'y vois point d'apparence. Si dans l'acte vous n'aviez pas expressément renoncé aux droits de division et de discussion, nous pourrions chicaner ledit Poussif.

LA BARONNE.

Il faut donc se résoudre à payer, puisque vous m'y condamnez, monsieur. Je n'appelle pas de vos décisions.

FRONTIN, bas à M. Turcaret.

Quelle déférence on a pour vos sentiments!

LA BARONNE, à M. Turcaret.

Cela m'incommodera un peu; cela dérangera la destination que j'avois faite de certain billet au porteur que vous avez.

LISETTE.

Il n'importe, payons, madame : ne soutenons pas un procès contre l'avis de M. Turcaret.

LA BARONNE.

Le ciel m'en préserve! Je vendrois plutôt mes bijoux, mes meubles.

FRONTIN, bas à M. Turcaret.

Vendre ses meubles, ses bijoux, et pour

l'équipage d'un mari, encore! La pauvre femme !

M. TURCARET, à la baronne.

Non, madame, vous ne vendrez rien. Je me charge de cette dette-là; j'en fais mon affaire.

LA BARONNE.

Vous vous moquez. Je me servirai de ce billet, vous dis-je.

M. TURCARET.

Il faut le garder pour un autre usage.

LA BARONNE.

Non, monsieur, non; la noblesse de votre procédé m'embarrasse plus que l'affaire même.

M. TURCARET.

N'en parlons plus, madame; je vais, tout de ce pas, y mettre ordre.

FRONTIN.

La belle ame!... (A M Furet.) Suis-nous, sergent : on va te payer.

LA BARONNE, à M. Turcaret.

Ne tardez pas, au moins. Songez que l'on vous attend.

M. TURCARET.

J'aurai promptement terminé cela; et puis je reviendrai des affaires aux plaisirs.

(Il sort avec M. Furet et Frontin.)

SCÈNE IX.

LA BARONNE, LISETTE.

LISETTE, à part.

Et nous vous renverrons des plaisirs aux affaires, sur ma parole ! Les habiles fripons que messieurs Furet et Frontin ! et la bonne dupe que M. Turcaret !

LA BARONNE.

Il me paroît qu'il l'est trop, Lisette.

LISETTE.

Effectivement, on n'a point assez de mérite à le faire donner dans le panneau.

LA BARONNE.

Sais-tu bien que je commence à le plaindre ?

LISETTE.

Mort de ma vie ! point de pitié indiscrète ! Ne plaignons point un homme qui ne plaint personne.

LA BARONNE.

Je sens naître, malgré moi, des scrupules.

LISETTE.

Il faut les étouffer.

LA BARONNE.

J'ai peine à les vaincre.

LISETTE.

Il n'est pas encore temps d'en avoir; et il

vaut mieux sentir quelque jour des remords pour avoir ruiné un homme d'affaires que le regret d'en avoir manqué l'occasion.

SCÈNE X.

LA BARONNE, LISETTE, JASMIN.

JASMIN, à la baronne.
C'est de la part de madame Dorimène.
LA BARONNE.
Faites entrer.
(Frontin sort.)

SCÈNE XI.

LA BARONNE, LISETTE.

LA BARONNE.
Elle m'envoie peut-être proposer une partie de plaisir ; mais...

SCÈNE XII.

LA BARONNE, LISETTE, Mme JACOB.

Mme JACOB, à la baronne.
Je vous demande pardon, madame, de la liberté que je prends. Je revends à la toilette, et je me nomme madame Jacob. J'ai l'honneur

de vendre quelquefois des dentelles et toutes sortes de pommades à madame Dorimène. Je viens de l'avertir que j'aurai tantôt un bon hasard : mais elle n'est point en argent, et elle m'a dit que vous pourriez vous en accommoder.

LA BARONNE.

Qu'est-ce que c'est ?

Mme JACOB.

Une garniture de quinze cents livres, que veut revendre une fermière des regrats. Elle ne l'a mise que deux fois. La dame en est dégoûtée : elle la trouve trop commune ; elle veut s'en défaire.

LA BARONNE.

Je ne serois pas fâchée de voir cette coiffure.

Mme JACOB.

Je vous l'apporterai dès que je l'aurai, madame ; je vous en ferai avoir bon marché.

LISETTE.

Vous n'y perdrez pas, madame est généreuse.

Mme JACOB.

Ce n'est pas l'intérêt qui me gouverne ; et j'ai, Dieu merci, d'autres talents que de revendre à la toilette.

LA BARONNE.

J'en suis persuadée.

LISETTE, à madame Jacob.

Vous en avez bien la mine.

Mme JACOB.

Eh! vraiment, si je n'avois pas d'autres ressources, comment pourrois-je élever mes enfants aussi honnêtement que je le fais! J'ai un mari, à la vérité, mais il ne sert qu'à faire grossir ma famille, sans m'aider à l'entretenir.

LISETTE.

Il y a bien des maris qui font le contraire.

LA BARONNE.

Eh! que faites-vous donc, madame Jacob, pour fournir ainsi toute seule aux dépenses de votre famille?

Mme JACOB.

Je fais des mariages, ma bonne dame. Il est vrai que ce sont des mariages légitimes : il ne produisent pas tant que les autres ; mais voyez-vous, je ne veux rien avoir à me reprocher.

LISETTE.

C'est fort bien fait.

Mme JACOB.

J'ai marié, depuis quatre mois, un jeune mousquetaire avec la veuve d'un auditeur des comptes. La belle union ! ils tiennent tous les jours table ouverte ; ils mangent la succession de l'auditeur le plus agréablement du monde.

LISETTE.

Ces deux personnes-là sont bien assorties.

MME JACOB.

Oh! tous mes mariages sont heureux.... (A la baronne.) Et si madame étoit dans le goût de se marier, j'ai en main le plus excellent sujet.

LA BARONNE.

Pour moi, madame Jacob?

MME JACOB.

C'est un gentihomme limousin. La bonne pâte de mari ! il se laissera mener par une femme comme un Parisien.

LISETTE, à la baronne.

Voilà encore un bon hasard, madame.

LA BARONNE.

Je ne me sens point en disposition d'en profiter ; je ne veux pas sitôt me marier ; je ne suis point encore dégoûtée du monde.

LISETTE, à madame Jacob.

Oh bien ! je le suis, moi, madame Jacob. mettez-moi sur vos tablettes.

MME JACOB.

J'ai votre affaire. C'est un gros commis qui a déja quelque bien, mais peu de protection.

Il cherche une jolie femme pour s'en faire.

LISETTE.

Le bon parti ! voilà mon fait.

LA BARONNE, à madame Jacob.

Vous devez être riche, madame Jacob ?

MME JACOB.

Hélas ! hélas ! je devrois faire dans Paris une autre figure.... je devrois rouler carrosse, ma chère dame, ayant un frère comme j'en ai un dans les affaires.

LA BARONNE.

Vous avez un frère dans les affaires ?

MME JACOB.

Et dans les grande affaires encore ! Je suis sœur de M. Turcaret, puisqu'il faut le dire.... Il n'est pas que vous n'en ayez ouï parler ?

LA BARONNE, avec étonnement.

Vous êtes sœur de M. Turcaret !

MME JACOB.

Oui, madame, je suis sa sœur de père et de mère même.

LISETTE, étonnée aussi.

M. Turcaret est votre frère, madame Jacob ?

MME JACOB.

Oui, mon frère, mademoiselle, mon propre frère et je n'en suis pas plus grande dame pour cela... Je vous vois toutes deux bien étonnées ;

c'est sans doute à cause qu'il me laisse prendre toute la peine que je me donne ?

LISETTE.

Eh ! oui ; c'est ce qui fait le sujet de notre étonnement.

MME JACOB.

Il fait bien pis, le dénaturé qu'il est, il m'a défendu l'entrée de sa maison, et il n'a pas le cœur d'employer mon époux.

LA BARONNE.

Cela crie vengeance.

LISETTE, à madame Jacob.

Ah ! le mauvais frère !

MME JACOB.

Aussi mauvais frère que mauvais mari. N'a-t-il pas chassé sa femme de chez lui !

LA BARONNE.

Ils faisoient donc mauvais ménage ?

MME JACOB.

Ils le font encore, madame : ils n'ont ensemble aucun commerce ; et ma belle-sœur est en province.

LA BARONNE.

Quoi ! M. Turcaret n'est pas veuf ?

MME JACOB.

Bon ! il y a dix ans qu'il est séparé de sa femme, à qui il fait tenir une pension à Valogne, afin de l'empêcher de venir à Paris.

LA BARONNE, bas à Lisette.

Lisette!

LISETTE, bas.

Par ma foi, madame, voilà un méchant homme!

Mme JACOB.

Oh! le ciel le punira tôt ou tard; cela ne lui peut manquer. J'ai déja ouï dire dans une maison qu'il y avoit du dérangement dans ses affaires.

LA BARONNE.

Du dérangement dans ses affaires!

Mme JACOB.

Eh! le moyen qu'il n'y en eût pas; c'est un vieux fou qui a toujours aimé toutes les femmes, hors la sienne. Il jette tout par les fenêtres, dès qu'il est amoureux, c'est un panier percé.

LISETTE, bas à la baronne.

A qui le dit-elle! qui le sait mieux que nous?

Mme JACOB, à la baronne.

Je ne sais à qui il est attaché présentement; mais il a toujours quelques demoiselles qui le plument, qui l'attrapent, et il s'imagine les attraper, lui, parce qu'il promet de les épouser. N'est-ce pas là un grand sot? qu'en dites-vous, madame?

LA BARONNE, déconcertée.

Oui; cela n'est pas tout-à-fait...

Mme JACOB, l'interrompant.

Oh! que j'en suis aise! Il le mérite bien, le malheureux! il le mérite bien. Si je connoissois sa maîtresse, j'irois lui conseiller de le piller, de le manger, de le ronger, de l'abîmer. (A Lisette.) N'en feriez-vous pas autant, mademoiselle?

LISETTE.

Je n'y manquerois pas, madame Jacob.

Mme JACOB, à la baronne.

Je vous demande pardon de vous étourdir ainsi de mes chagrins; mais quand il m'arrive d'y faire réflexion, je me sens si pénétrée, que je ne puis me taire... Adieu, madame; sitôt que j'aurai la garniture, je ne manquerai pas de vous l'apporter.

LA BARONNE.

Cela ne presse pas, madame, cela ne presse pas.

(Madame Jacob sort.)

SCÈNE XIII.

LA BARONNE, LISETTE.

LA BARONNE.

Hé bien, Lisette?

LISETTE.

Hé bien, madame ?

LA BARONNE.

Aurois-tu deviné que M. Turcaret eût une sœur revendeuse à la toilette ?

LISETTE.

Auriez-vous cru, vous, qu'il eût une vraie femme en province ?

LA BARONNE.

Le traître ! il m'avoit assuré qu'il étoit veuf, et je le croyois de bonne foi.

LISETTE.

Ah, le vieux fourbe !... (Voyant rêver la baronne.) Mais, qu'est-ce donc que cela ?... Qu'avez-vous ?... Je vous vois toute chagrine. Merci de ma vie ! vous prenez la chose aussi sérieusement que si vous étiez amoureuse de M. Turcaret.

LA BARONNE.

Quoique je ne l'aime pas, puis-je perdre sans chagrin l'espérance de l'épouser ? Le scélérat ! il a une femme ; il faut que je rompe avec lui.

LISETTE.

Oui ; mais l'intérêt de votre fortune veut que vous le ruiniez auparavant. Allons, madame, pendant que nous le tenons, brusquons son coffre-fort, saisissons ses billets; mettons M. Turcaret à feu et à sang; rendons-le enfin si misérable, qu'il puisse un jour faire pitié, même à sa femme, et redevenir frère de madame Jacob.

FIN DU QUATRIÈME ACTE.

ACTE CINQUIÈME.

SCÈNE PREMIÈRE.

LISETTE, seule.

La bonne maison que celle-ci pour Frontin et pour moi ! Nous avons déja soixante pistoles, et il nous en reviendra peut-être autant de l'acte solidaire. Courage ! si nous gagnons souvent de ces petites sommes-là, nous en aurons à la fin une raisonnable.

SCÈNE XV.

LA BARONNE, LISETTE.

LA BARONNE.

Il me semble que M. Turcaret devroit bien être de retour, Lisette.

LISETTE.

Il faut qu'il lui soit survenu quelque nouvelle affaire... (Voyant entrer Flamand, sans le reconnoître d'abord, parce qu'il n'est plus en livrée.) Mais, que veut ce monsieur ?

SCÈNE III.

LA BARONNE, LISETTE, FLAMAND.

LA BARONNE, à Lisette.

Pourquoi laisse-t-on entrer sans avertir?

FLAMAND.

Il n'y a pas de mal à cela, madame; c'est moi.

LISETTE, à la baronne en reconnoissant Flamand.

Eh! c'est Flamand, madame; Flamand sans livrée! Flamand, l'épée au côté! quelle métamorphose!

FLAMAND.

Doucement, mademoiselle, doucement! on ne doit pas, s'il vous plaît, m'appeler Flamand tout court. Je ne suis plus laquais de M. Turcaret, non, il vient de me faire donner un bon emploi, oui. Je suis présentement dans les affaires, da! et, par ainsi, il faut m'appeler monsieur Flamand; entendez-vous?

LISETTE.

Vous avez raison, monsieur Flamand; puisque vous êtes devenu commis, on ne doit plus vous traiter comme un laquais.

FLAMAND, montrant la baronne.

C'est à madame que j'en ai l'obligation; et je viens ici tout exprès pour la remercier.

C'est une bonne dame qui a bien de la bonté pour moi de m'avoir fait bailler une bonne commission, qui me vaudra cent bons écus par chacun an, et qui est dans un bon pays encore; car c'est à Falaise, qui est une si bonne ville, et où il y a, dit-on, de si bonnes gens.

LISETTE.

Il y a du bon dans tout cela, monsieur Flamand.

FLAMAND.

Je suis capitaine-concierge de la porte de Guibrai. J'aurai les clefs, et pourrai faire entrer et sortir tout ce qu'il me plaira. L'on m'a dit que c'étoit un bon droit que celui-là.

LISETTE.

Peste!

FLAMAND.

Oh! ce qu'il y a de meilleur, c'est que cet emploi-là porte bonheur à ceux qui l'ont; car ils s'y enrichissent tretous. M. Turcaret a, dit-on, commencé par là.

LA BARONNE.

Cela est bien glorieux pour vous, monsieur Flamand, de marcher ainsi sur les pas de votre maître!

LISETTE, à Flamand.

Et nous vous exhortons, pour votre bien, à être honnête comme lui.

FLAMAND, à la baronne.

Je vous enverrai, madame, de petits présents, de fois à autres.

LA BARONNE.

Non, mon pauvre Flamand, je ne te demande rien.

FLAMAND.

Oh! que si fait. Je sais bien comme les commis en usent avec les demoiselles qui les placent... Mais tout ce que je crains, c'est d'être révoqué; car, dans les commissions, on est grandement sujet à ça, voyez-vous!

LISETTE.

Cela est désagréable.

FLAMAND, à la baronne.

Par exemple, le commis que l'on révoque aujourd'hui, pour me mettre à sa place, a eu cet emploi-là par le moyen d'une certaine dame que M. Turcaret a aimée et qu'il n'aime plus. Prenez bien garde, madame, de me faire révoquer aussi.

LA BARONNE.

J'y donnerai toute mon attention, monsieur Flamand.

FLAMAND.

Je vous prie de plaire toujours à M. Turcaret, madame.

LA BARONNE.

J'y ferai tout mon possible, puisque vous y êtes intéressé.

FLAMAND, s'approchant de la baronne.

Mettez toujours de ce beau rouge, pour lui donner dans la vue...

LISETTE, le repoussant.

Allez, monsieur le capitaine-concierge; allez à votre porte de Guibrai. Nous savons ce que nous avons à faire... Oui; nous n'avons pas besoin de vos conseils... Non; vous ne serez jamais qu'un sot. C'est moi qui vous le dis, da! entendez-vous?

(Flamand sort.)

SCÈNE IV.

LA BARONNE, LISETTE.

LA BARONNE.

Voilà le garçon le plus ingénu...

LISETTE, l'interrompant.

Il y a pourtant long-temps qu'il est laquais; il devroit bien être déniaisé.

SCÈNE V.

LA BARONNE, LISETTE, JASMIN.

JASMIN, à la baronne.

C'est M. le marquis avec une grosse et grande madame.

(Il sort.)

SCÈNE VI.

LA BARONNE, LISETTE.

LA BARONNE.

C'est sa belle conquête. Je suis curieuse de la voir.

LISETTE.

Je n'en ai pas moins d'envie que vous; je m'en fais une plaisante image.

SCÈNE VII.

LA BARONNE, LE MARQUIS, Mme TURCARET, LISETTE.

LE MARQUIS, à la baronne.

Je viens, ma charmante baronne, vous présenter une aimable dame; la plus spirituelle, la plus galante, la plus amusante personne... Tant de bonnes qualités, qui vous sont communes, doivent vous lier d'estime et d'amitié.

LA BARONNE.

Je suis très disposée à cette union... (Bas à Lisette.) C'est l'original du portrait que le chevalier m'a sacrifié.

MME TURCARET.

Je crains, madame, que vous ne perdiez bientôt ces bons sentiments. Une personne du grand monde, du monde brillant, comme vous, trouvera peu d'agrément dans le commerce d'une femme de province.

LA BARONNE.

Ah! vous n'avez point l'air provincial, madame; et nos dames le plus de mode n'ont pas des manières plus agréables que les vôtres.

LE MARQUIS, en montrant madame Turcaret.

Ah, palsembleu! non. Je m'y connois, madame; et vous conviendrez avec moi, en voyant cette taille et ce visage-là, que je suis le seigneur de France du meilleur goût.

MME TURCARET.

Vous êtes trop poli, monsieur le marquis. Ces flatteries-là pourroient me convenir en province, où je brille assez, sans vanité. J'y suis toujours à l'affût des modes; on me les envoie toutes dès le moment qu'elles sont inventées, et je puis me vanter d'être la première qui ai porté des pretintailles dans la ville de Valogne.

LISETTE, à part.

Quelle folle !

LA BARONNE.

Il est beau de servir de modèle à une ville comme celle-là.

MME TURCARET.

Je l'ai mise sur un pied ! j'en ai fait un petit Paris, par la belle jeunesse que j'y attire.

LE MARQUIS, avec ironie.

Comment ! un petit Paris ? Savez-vous bien qu'il faut trois mois de Valogne pour achever un homme de cour ?

MME TURCARET, à la baronne.

Oh ! je ne vis pas comme une dame de campagne, au moins. Je ne me tiens point enfermée dans un château ; je suis trop faite pour la société. Je demeure en ville ; et j'ose dire que ma maison est une école de politesse et de galanterie pour les jeunes gens.

LISETTE.

C'est une façon de collège pour toute la Basse-Normandie.

MME TURCARET, à la baronne.

On joue chez moi, on s'y rassemble pour médire ; on y lit tous les ouvrages d'esprit qui se font à Cherbourg, à Saint-Lô, à Coutances, et qui valent bien les ouvrages de Vire et de

Caen. J'y donne aussi quelquefois des fêtes galantes, des soupés-collations. Nous avons des cuisiniers qui ne savent faire aucun ragoût, à la vérité; mais ils tirent les viandes si à propos, qu'un tour de broche de plus ou de moins, elles seroient gâtées.

LE MARQUIS.

C'est l'essentiel de la bonne chère... Ma foi, vive Valogne pour le rôti !

MME TURCARET.

Et pour les bals, nous en donnons souvent. Que l'on s'y divertit ! Cela est d'une propreté ! les dames de Valogne sont les premières dames du monde pour savoir l'art de se bien masquer, et chacune a son déguisement favori. Devinez quel est le mien.

LISETTE.

Madame se déguise en Amour, peut-être ?

MME TURCARET.

Oh ! pour cela non.

LA BARONNE.

Vous vous mettez en déesse apparemment, en Grace ?

MME TURCARET.

En Vénus, ma chère, en Vénus.

LE MARQUIS, ironiquement.

En Vénus ? Ah, madame, que vous êtes bien déguisée !

LISETTE, à Mme Turcaret.

On ne peut pas mieux.

SCÈNE VIII.

LA BARONNE, LE MARQUIS, Mme TURCARET, LE CHEVALIER, LISETTE.

LE CHEVALIER, à la baronne.

Madame, nous aurons tantôt le plus ravissant concert... (A part, apercevant Mme Turcaret.) Mais, que vois-je?

Mme TURCARET, à part.

O ciel!

LA BARONNE, à Lisette.

Je m'en doutois bien.

LE CHEVALIER, au marquis.

Est-ce là cette dame dont tu m'as parlé, marquis?

LE MARQUIS.

Oui; c'est ma comtesse. Pourquoi cet étonnement?

LE CHEVALIER.

Oh, parbleu! je ne m'attendois pas à celui-là.

Mme TURCARET, à part.

Quel contre-temps?

LE MARQUIS, au chevalier.

Explique-toi, chevalier. Est-ce que tu connoîtrois ma comtesse ?

LE CHEVALIER.

Sans doute; il y a huit jours que je suis en liaison avec elle.

LE MARQUIS.

Qu'entends-je ! Ah, l'infidèle, l'ingrate !

LE CHEVALIER.

Et ce matin même elle a eu la bonté de m'envoyer son portrait.

LE MARQUIS.

Comment diable ! elle a donc des portraits à donner à tout le monde ?

SCÈNE IX.

LA BARONNE, LE MARQUIS, Mme TURCARET, LE CHEVALIER, Mme JACOB, LISETTE.

Mme JACOB, à la Baronne.

Madame, je vous apporte la garniture que j'ai promis de vous faire voir.

LA BARONNE.

Que vous prenez mal votre temps, madame Jacob ! Vous me voyez en compagnie..

Mme JACOB.

Je vous demande pardon ! madame ; je reviendrai une autre fois.... (Apercevant madame

Turcaret.) Mais, qu'est-ce que je vois? Ma belle sœur ici! Madame Turcaret!

LE CHEVALIER.

Madame Turcaret!

LA BARONNE, à madame Jacob.

Madame Turcaret!

LISETTE, à madame Jacob.

Madame Turcaret!

LE MARQUIS, à part.

Le plaisant accident!

MME JACOB, à madame Turcaret.

Par quelle aventure, madame, vous rencontré-je en cette maison?

MME TURCARET, à part.

Payons de hardiesse... (à madame Jacob. Je ne vous connois pas, ma bonne.

MME JACOB.

Vous ne connoissez pas madame Jacob?.. Tredame! est-ce à cause que depuis dix ans vous êtes séparée de mon frère, qui n'a pu vivre avec vous, que vous feignez de ne me pas connoître?

LE MARQUIS.

Vous n'y pensez pas, madame Jacob; savez-vous bien que vous parlez à une comtesse

MME JACOB.

A une comtesse? Eh! dans quel lieu, s'

vous plaît, est sa comté? Ah, vraiment, j'aime assez ces gros airs-là.

MME TURCARET.

Vous êtes une insolente, ma mie.

MME JACOB.

Une insolente! moi, je suis une insolente!... Jour de Dieu! ne vous y jouez pas! S'il ne tient qu'à dire des injures, je m'en acquitterai aussi bien que vous.

MME TURCARET.

Oh! je n'en doute pas : la fille d'un maréchal de Domfront ne doit point demeurer en reste de sottises.

MME JACOB.

La fille d'un maréchal! Pardi, voilà une dame bien relevée pour venir me reprocher ma naissance? Vous avez apparemment oublié que M. Briochais, votre père, étoit pâtissier dans la ville de Falaise. Allez, madame la comtesse, puisque comtesse y a, nous nous reconnoissons toutes deux... Mon frère rira bien quand il saura que vous avez pris ce nom burlesque pour venir vous requinquer à Paris. Je voudrois par plaisir qu'il vînt ici tout à l'heure.

LE CHEVALIER.

Vous pourrez avoir ce plaisir-là, madame; nous attendons à souper M. Turcaret.

MME TURCARET, à part.

Aïe !

LE MARQUIS, à madame Jacob.

Et vous souperez aussi avec nous, madame Jacob, car j'aime les soupers de famille.

MME TURCARET, à part.

Je suis au desespoir d'avoir mis le pied dans cette maison.

LISETTE, à part.

Je le crois bien.

MME TURCARET, à part, voulant sortir.

J'en vais sortir tout à l'heure.

LE MARQUIS, l'arrêtant.

Vous ne vous en irez pas, s'il vous plaît, que vous n'ayez vu M. Turcaret.

MME TURCARET.

Ne me retenez point, monsieur le marquis, ne me retenez point.

LE MARQUIS.

Oh, palsembleu ! mademoiselle Briochais, vous ne sortirez point, comptez là dessus.

LE CHEVALIER.

Eh ! marquis, cesse de l'arrêter.

LE MARQUIS.

Je n'en ferai rien. Pour la punir de nous avoir trompés tous deux, je la veux mettre aux prises avec son mari.

LA BARONNE.

Non, marquis, de grace, laissez-la sortir.

LE MARQUIS.

Prière inutile : tout ce que je puis faire pour vous, madame, c'est de lui permettre de se déguiser en Vénus, afin que son mari ne la reconnoisse pas.

LISETTE, voyant arriver M. Turcaret.

Ah! par ma foi, voici M. Turcaret.

Mme JACOB, à part.

J'en suis ravie.

Mme TURCARET, à part.

La malheureuse journée!

LA BARONNE, à part.

Pourquoi faut-il que cette scène se passe chez moi?

LE MARQUIS, à part.

Je suis au comble de la joie.

SCÈNE X.

LA BARONNE, LE MARQUIS, Mme TURCARET, LE CHEVALIER, M. TURCARET, Mme JACOB, LISETTE.

M. TURCARET, à la baronne.

J'ai renvoyé l'huissier, madame, et terminé... (A part, apercevant sa sœur.) Ah! en croirai-je mes yeux ? Ma sœur ici !...(Apercevant sa femme.) et, qui pis est, ma femme !

LE MARQUIS.

Vous voilà en pays de connoissance, monsieur Turcaret... (Montrant madame Turcaret.) Vous voyez une belle comtesse dont je porte les chaînes ; vous voulez bien que je vous la présente, sans oublier madame Jacob ?

MME JACOB, à M. Turcaret.

Ah ! mon frère !

M. TURCARET.

Ah ! ma sœur !... (A part.) Qui diable les a amenées ici ?

LE MARQUIS.

C'est moi, M. Turcaret : vous m'avez cette obligation-là. Embrassez ces deux objets chéris... Ah ! qu'il paroît ému ! J'admire la force du sang et de l'amour conjugal.

M. TURCARET, à part.

Je n'ose la regarder ; je crois voir mon mauvais génie.

MME TURCARET, à part.

Je ne puis l'envisager sans horreur.

LE MARQUIS, à M. et à madame Turcaret.

Ne vous contraignez point, tendres époux ; laissez éclater toute la joie que vous devez sentir de vous revoir après dix années de séparation.

ACTE V, SCÈNE X.

LA BARONNE, à M. Turcaret.

Vous ne vous attendiez pas, monsieur, à rencontrer ici madame Turcaret ; et je conçois bien l'embarras où vous êtes. Mais pourquoi m'avoir dit que vous étiez veuf?

LE MARQUIS.

Il vous a dit qu'il étoit veuf? Eh, parbleu! sa femme m'a dit aussi qu'elle étoit veuve. Ils ont la rage tous deux de vouloir être veufs.

LA BARONNE, à M. Turcaret.

Parlez, pourquoi m'avez-vous trompée ?

M. TURCARET, interdit.

J'ai cru, madame.... qu'en vous faisant accroire que... je croyois être veuf... vous croiriez que... je n'aurois point de femme... (A part.) J'ai l'esprit troublé, je ne sais ce que je dis.

LA BARONNE.

Je devine votre pensée, monsieur, et je vous pardonne une tromperie que vous avez cru nécessaire pour vous faire écouter. Je passerai même plus avant. Au lieu d'en venir aux reproches, je veux vous raccommoder avec madame Turcaret.

M. TURCARET.

Qui? moi! madame. Oh! pour cela non. Vous ne la connoissez pas ; c'est un démon. J'aimerois mieux vivre avec la femme du Grand-Mogol.

MME TURCARET.

Oh! monsieur, ne vous en défendez pas tant. Je n'en ai pas plus d'envie que vous au moins; et je ne viendrois point à Paris troubler vos plaisirs, si vous étiez plus exact à payer la pension que vous me faites pour me tenir en province.

LE MARQUIS, à M. Turcaret.

Pour la tenir en province!... Ah! M. Turcacaret, vous avez tort; madame mérite qu'on lui paie les quartiers d'avance.

MME TURCARET.

Il m'en est dû cinq. S'il ne me les donne pas! je ne pars point; je demeure à Paris, pour le faire enrager. J'irai chez ses maîtresses faire un charivari; et je commencerai par cette maison-ci, je vous en avertis.

M. TURCARET, à part.

Ah! l'insolente!

LISETTE, à part.

La conversation finira mal.

LA BARONNE, à madame Turcaret.

Vous m'insultez, madame.

MME TUCARET.

J'ai des yeux, dieu merci, j'ai des yeux; je vois tout ce qui se passe en cette maison. Mon mari est la plus grande dupe...

M. TURCARET, l'interrompant.

Quelle impudence! Ah! ventrebleu! coquine! sans le respect que j'ai pour la compagnie....

LE MARQUIS, l'interrompant.

Qu'on ne vous gêne point, monsieur Turcaret. Vous êtes avec vos amis, usez-en librement.

LE CHEVALIER, à M. Turcaret, en se mettant entre lui et sa femme.

Monsieur...

LA BARONNE, à madame Turcaret.

Songez que vous êtes chez moi.

SCÈNE XI.

LA BARONNE, LE MARQUIS, Mme TURCARET, LE CHEVALIER, M. TURCARET, Mme JACOB, LISETTE, JASMIN.

JASMIN, à M. Turcaret.

Il y a dans un carosse qui vient de s'arrêter à la porte deux gentilshommes qui se disent de vos associés; ils veulent vous parler d'une affaire importante.

(Il sort.)

SCÈNE XII.

LA BARONNE, LE MARQUIS, Mme TURCARET, LE CHEVALIER, M. TURCARET, Mme JACOB, LISETTE.

M. TURCARET, *à madame Turcaret.*

Je vais revenir... Je vous apprendrai, impudente, à respecter une maison...

Mme TURCARET, *l'interrompant.*

Je crains peu vos menaces.

(M. Turcaret sort.)

SCÈNE XIII.

LA BARONNE, LE MARQUIS, Mme TURCARET, LE CHEVALIER, Mme JACOB, LISETTE.

LE CHEVALIER, *à madame Turcaret.*

Calmez votre esprit agité, madame; que M. Turcaret vous retrouve adoucie.

Mme TURCARET.

Oh! tous ses emportements ne m'épouvantent point.

LA BARONNE.

Nous allons l'apaiser en votre faveur.

Mme TURCARET.

Je vous entends, madame. Vous voulez me réconcilier avec mon mari, afin que, par reconnoissance, je souffre qu'il continue à vous rendre des soins.

LA BARONNE.

La colère vous aveugle. Je n'ai pour objet que la réunion de vos cœurs : je vous abandonne M. Turcaret, je ne veux le revoir de ma vie.

MME TURCARET.

Cela est trop généreux.

LE MARQUIS, au chevalier en montrant la baronne.

Puisque madame renonce au mari, de mon côté je renonce à la femme. Allons, renoncez-y aussi, chevalier. Il est beau de se vaincre soi-même.

SCÈNE XIV.

LA BARONNE, LE MARQUIS, MME TURCARET, LE CHEVALIER, MME JACOB, LISETTE, FRONTIN.

FRONTIN, à part

O malheur imprévu! ô disgrace cruelle!

LE CHEVALIER.

Qu'y a-t-il, Frontin?

FRONTIN.

Les associés de M. Turcaret ont mis garnison chez lui, pour deux cent mille écus que leur emporte un caissier qu'il a cautionné... Je venois ici en diligence; pour l'avertir de se sauver; mais je suis arrivé trop tard; ses créanciers se sont déja assurés de sa personne.

Mme JACOB, à part.

Mon frère entre les mains de ses créanciers!.. Tout dénaturé qu'il est, je suis touchée de son malheur. Je vais employer pour lui tout mon crédit; je sens que je suis sa sœur.

(Elle sort.)

SCÈNE XV.

LA BARONNE, LE MARQUIS, Mme TURCARET, LE CHEVALIER, LISETTE, FRONTIN.

Mme TURCARET, à part.

Et moi, je vais le chercher pour l'accabler d'injures; je sens que je suis sa femme.

(Elle sort.)

SCÈNE XVI.

LA BARONNE, LE MARQUIS, LE CHEVALIER, LISETTE, FRONTIN.

FRONTIN, au chevalier.

Nous envisagions le plaisir de le ruiner; mais la justice est jalouse de ce plaisir-là : elle nous a prévenus.

LE MARQUIS.

Bon! bon! il a de l'argent de reste pour se tirer d'affaire.

FRONTIN.

J'en doute. On dit qu'il a follement dissipé des biens immenses; mais ce n'est pas ce qui m'embarrasse à présent : ce qui m'afflige, c'est que j'étois chez lui quand ses associés y sont venus mettre garnison.

LE CHEVALIER.

Hé bien!

FRONTIN.

Hé bien, monsieur, ils m'ont aussi arrêté et fouillé, pour voir si par hasard je ne serois point chargé de quelque papier qui pût tourner au profit des créanciers... (Montrant la baronne.) Ils se sont saisis, à telle fin que de raison, du billet de madame, que vous m'avez confié tantôt.

LE CHEVALIER.

Qu'entends-je? juste ciel!

FRONTIN.

Ils m'en ont pris encore un autre de dix mille francs, que M. Turcaret avoit donné pour l'acte solidaire, et que M. Furet venoit de me remettre entre les mains.

LE CHEVALIER.

Et pourquoi, maraud! n'as-tu pas dit que tu étois à moi?

FRONTIN.

Oh! vraiment, monsieur, je n'y ai pas

manqué. J'ai dit que j'appartenois à un chevalier; mais, quand ils ont vu les billets, ils n'ont pas voulu me croire.

LE CHEVALIER.

Je ne me possède plus; je suis au désespoir!

LA BARONNE.

Et moi, j'ouvre les yeux. Vous m'avez dit que vous aviez chez vous l'argent de mon billet. Je vois par là que mon brillant n'a point été mis en gage; et je sais ce que je dois penser du beau récit que Frontin m'a fait de votre fureur d'hier au soir. Ah, chevalier! je ne vous aurois pas cru capable d'un pareil procédé... (Regardant Lisette.) J'ai chassé Marine parce qu'elle n'étoit pas dans vos intérêts, et je chasse Lisette parce qu'elle y est... Adieu; je ne veux de ma vie entendre parler de vous.

(Elle se retire dans l'intérieur de son appartement.)

SCÈNE XVII.

LE MARQUIS, LE CHEVALIER, FRONTIN, LISETTE.

LE MARQUIS, riant au chevalier qui a l'air tout déconcerté.

Ha, ha! ma foi, chevalier, tu me fais rire.

Ta consternation me divertit... Allons souper chez le traiteur, et passer la nuit à boire.

FRONTIN, au chevalier.

Vous suivrai-je, monsieur ?

LE CHEVALIER.

Non, je te donne ton congé. Ne t'offre jamais à mes yeux.

(Il sort avec le marquis.)

SCÈNE XVIII.

FRONTIN, LISETTE.

LISETTE.

Et nous, Frontin, quel parti prendrons-nous ?

FRONTIN.

J'en ai un à te proposer. Vive l'esprit, mon enfant ! je viens de payer d'audace ; je n'ai point été fouillé.

LISETTE.

Tu as les billets ?

FRONTIN.

J'en ai déja touché l'argent ; il est en sûreté : j'ai quarante mille francs. Si ton ambition veut se borner à cette petite fortune, allons faire souche d'honnêtes gens.

LISETTE.

J'y consens.

FRONTIN.

Voilà le règne de M. Turcaret fini; le mien va commencer.

FIN DE TURCARET.

CRITIQUE

DE

LA COMÉDIE DE TURCARET,

PAR LE DIABLE BOITEUX.

CRITIQUE

DE

LA COMÉDIE DE TURCARET,

PAR LE DIABLE BOITEUX.

DIALOGUE.

ASMODÉE, DON CLEOPHAS.

ASMODÉE.

Puisque mon magicien m'a remis en liberté, je vais vous faire parcourir tout le monde, et je prétends chaque jour offrir à vos yeux de nouveaux objets.

DON CLEOPHAS.

Vous aviez bien raison de me dire que vous alliez bon train, tout boiteux que vous êtes; comment diable! nous étions tout à l'heure à Madrid. Je n'ai fait que souhaiter d'être à Paris, et je m'y trouve. Ma foi, seigneur Asmodée, c'est un plaisir de voyager avec vous.

ASMODÉE.

N'est-il pas vrai?

DON CLEOPHAS.

Assurément. Mais dites-moi, je vous prie, dans quel lieu vous m'avez transporté? Nous voici sur un théâtre, je vois des décorations, des loges, un parterre; il faut que nous soyons à la comédie.

ASMODÉE.

Vous l'avez dit; et l'on va représenter tout à l'heure une pièce nouvelle, dont j'ai voulu vous donner le divertissement. Nous pouvons, sans crainte d'être vus ni écoutés, nous entretenir en attendant qu'on commence.

DON CLEOPHAS.

La belle assemblée! que de dames!

ASMODÉE.

Il y en auroit encore davantage sans les spectacles de la Foire: la plupart des femmes y courent avec fureur. Je suis ravi de les voir dans le goût de leurs laquais et de leurs cochers; c'est à cause de cela que je m'oppose au dessein des comédiens. J'inspire tous les jours de nouvelles chicanes aux bateleurs. C'est moi qui leur ai fourni le Suisse.

DON CLEOPHAS.

Que voulez-vous dire par votre Suisse?

ASMODÉE.

Je vous expliquerai cela une autre fois; ne soyons présentement occupés que de ce qui frappe nos yeux. Remarquez-vous combien on a de peine à trouver les places? Savez-vous ce qui fait la foule? C'est que c'est aujourd'hui la première représentation d'une comédie où l'on joue un homme d'affaires. Le public aime à rire aux dépens de ceux qui le font pleurer.

DON CLEOPHAS.

C'est-à-dire que les gens d'affaires sont tous des...

ASMODÉE.

C'est ce qui vous trompe; il y a de fort honnêtes gens dans les affaires : j'avoue qu'il n'y en a pas un très grand nombre : mais il y en a qui, sans s'écarter des principes de l'honneur et de la probité, ont fait ou font actuellement leur chemin, et dont la robe et l'épée ne dédaignent pas l'alliance. L'auteur respecte ceux-là. Effectivement il auroit tort de les confondre avec les autres. Enfin il y a d'honnêtes gens dans toutes les professions. Je connois même des commissaires et des greffiers qui ont de la conscience.

DON CLEOPHAS.

Sur ce pied-là cette comédie n'offense point les honnêtes gens qui sont dans les affaires.

ASMODÉE.

Comme le Tartuffe que vous avez lu offense

les vrais dévots. Hé! pourquoi les gens d'affaires s'offenseroient-ils de voir sur la scène un sot, un fripon de leur corps? Cela ne tombe point sur le général. Ils seroient donc plus délicats que les courtisans et les gens de robe, qui voient tous les jours avec plaisir représenter des marquis fats et des juges ignorants et corruptibles.

DON CLEOPHAS.

Je suis curieux de savoir de quelle manière la pièce sera reçue; apprenez-le-moi, de grace, par avance.

ASMODÉE.

Les diables ne connoissent point l'avenir, je vous l'ai déja dit; mais quand nous aurions cette connoissance, je crois que le succès des comédiens en seroit excepté, tant il est impénétrable.

DON CLEOPHAS.

L'auteur et les comédiens se flattent sans doute qu'elle réussira.

ASMODÉE.

Pardonnez-moi. Les comédiens n'en ont pas bonne opinion; et leurs pressentiments, quoiqu'ils ne soient pas infaillibles, ne laissent pas d'effrayer l'auteur, qui s'est allé cacher aux troisièmes loges, où, pour surcroît de chagrin, il vient d'arriver auprès de lui un cais-

sier et un agent de change qui disent avoir
ouï parler de sa pièce, et qui la déchirent im-
pitoyablement. Par bonheur pour lui, il est
si sourd qu'il n'entend pas la moitié de leurs
paroles.

DON CLEOPHAS.

Oh! je crois qu'il y a bien des caissiers et
des agents de change dans cette assemblée.

ASMODÉE.

Oui, je vous assure; je ne vois partout que
des cabales de commis et d'auteurs, que des
siffleurs dispersés et prêts à se répondre.

DON CLEOPHAS.

Mais l'auteur n'a-t-il pas aussi ses partisans?

ASMODÉE.

Oh qu'oui! Il y a ici tous ses amis, avec les
amis de ses amis. De plus on a répandu dans
le parterre quelques grenadiers de police pour
tenir les commis en respect; cependant avec
tout cela je ne voudrois pas répondre de l'évé-
nement. Mais, taisons-nous, les acteurs paroissent. Vous entendez assez le français pour
juger de la pièce: écoutons-là; et, après que le
parterre en aura décidé, nous réformerons son
jugement, ou nous le confirmerons.

CONTINUATION DU DIALOGUE.

ASMODÉE, DON CLEOPHAS.

ASMODÉE.

Hé bien, seigneur don Cleophas, que pensez-vous de cette comédie? Elle vient de réussir en dépit des cabales? les ris sans cesse renaissants des personnes qui se sont livrées au spectacle ont étouffé la voix des commis et des auteurs.

DON CLEOPHAS.

Oui; mais je crois qu'ils vont bien se donner carrière présentement, et se dédommager du silence qu'ils ont été obligés de garder.

ASMODÉE.

N'en doutez point : les voilà déja qu'ils forment des pelotons dans le parterre, et qui répandent leur venin; j'aperçois, entre autres, trois chefs de meutes, trois beaux esprits qui vont entraîner dans leur sentiment quelques petits génies qui les écoutent; mais je vois à leurs trousses deux amis de l'auteur. Grande dispute; on s'échauffe de part et d'autre. Les uns disent de la pièce plus de mal qu'ils n'en pensent, et les autres en pensent moins de bien qu'ils n'en disent.

DON CLEOPHAS.

Hé! quels défauts y trouvent les critiques?

ASMODÉE.

Cent mille.

DON CLEOPHAS.

Mais encore?

ASMODÉE.

Ils disent que tous les personnages en sont vicieux, et que l'auteur a peint les mœurs de trop près.

DON CLEOPHAS.

Ils n'ont, parbleu, pas tout le tort; les mœurs m'ont paru un peu gaillardes.

ASMODÉE.

Il est vrai; j'en suis assez content. La baronne tire fort sur votre dona Thomasa. J'aime à voir dans les comédies régner mes héroïnes; mais je n'aime pas qu'on les punisse au dénoûment; cela me chagrine. Heureusement il y a bien des pièces françoises où l'on m'épargne ce chagrin-là.

DON CLEOPHAS.

Je vous entends. Vous n'approuvez pas que la baronne soit trompée dans son attente, que le chevalier perde toutes ses espérances, et que Turcaret soit arrêté: vous voudriez qu'ils fussent tous contents; car enfin leur châtiment est une leçon qui blesse vos intérêts.

ASMODÉE.

J'en conviens; mais ce qui me console, c'est

que Lisette et Frontin sont bien récompensés.

DON CLEOPHAS.

La belle récompense! Les bonnes dispositions de Frontin ne font-elles pas assez prévoir que son règne finira comme celui de Turcaret?

ASMODÉE.

Vous êtes trop pénétrant. Venons au caractère de Turcaret; qu'en dites-vous?

DON CLEOPHAS.

Je dis qu'il est manqué, si les gens d'affaires sont tels qu'on me les a dépeints. Les affaires ont des mystères qui ne sont point ici développés.

ASMODÉE.

Au grand Satan ne plaise que ces mystères se découvrent! L'auteur m'a fait plaisir de montrer simplement l'usage que mes partisans font des richesses que je leur fais acquérir.

DON CLEOPHAS.

Vos partisans sont donc bien différents de ceux qui ne le sont pas?

ASMODÉE.

Oui, vraiment. Il est aisé de reconnoître les miens; ils s'enrichissent par l'usure, qu'ils n'osent plus exercer que sous le nom d'autrui quand ils sont riches; ils prodiguent leurs richesses lorsqu'ils sont amoureux, et leurs amours finissent par la fuite ou par la prison.

DON CLEOPHAS.

A ce que je vois, c'est un de vos amis que l'on vient de jouer. Mais, dites-moi, seigneur Asmodée, quel bruit est-ce que j'entends auprès de l'orchestre?

ASMODÉE.

C'est un cavalier espagnol, qui crie contre la sécheresse de l'intrigue.

DON CLEOPHAS.

Cette remarque convient à un Espagnol. Nous ne sommes point accoutumés, comme les François, à des pièces de caractère, lesquelles sont pour la plupart fort foibles de ce côté-là.

ASMODÉE.

C'est en effet le défaut ordinaire de ces sortes de pièces; elles ne sont point assez chargées d'événements. Les auteurs veulent toute l'attention du spectateur pour le caractère qu'ils dépeignent, et regardent comme des sujets de distraction les intrigues trop composées. Je suis de leur sentiment, pourvu que d'ailleurs la pièce soit intéressante.

DON CLEOPHAS.

Mais celle-ci ne l'est point.

ASMODÉE.

Hé! c'est le plus grand défaut que j'y trouve. Elle seroit parfaite si l'auteur avoit su engager à aimer les personnages; mais il n'a pas eu assez d'esprit pour cela. Il s'est avisé mal à propos de rendre le vice haïssable. Personne n'aime la baronne, le chevalier ni Turcaret; ce n'est pas là le moyen de faire réussir une comédie.

DON CLEOPHAS.

Elle n'a pas laissé de me divertir; j'ai eu le plaisir de voir bien rire; je n'ai remarqué qu'un homme et une femme qui aient gardé leur sérieux; les voilà encore dans leur loge : qu'ils ont l'air chagrin! ils ne paroissent guère contents.

ASMODÉE.

Il faut le leur pardonner : c'est un Turcaret avec sa baronne. En récompense on a bien ri dans la loge voisine. Ce sont des personnes de robe qui n'ont point de Turcaret dans leur famille. Mais le monde achève de s'écouler; sortons. Allons à la Foire voir de nouveaux visages.

DON CLEOPHAS.

Je le veux. Mais apprenez-moi auparavant qui est cette jolie femme qui paroît aussi mal satisfaite.

ASMODÉE.

C'est une dame que les glaces et les porcelaines brisées par Turcaret ont étrangement révoltée. Je ne sais si c'est à cause que la même scène s'est passée chez elle ce carnaval.

FIN DU THÉÂTRE.

Liste des Auteurs dont les ouvrages entreront en totalité ou en partie dans cette Collection.

	vol.		vol.
ARIOSTE	6	LA FONTAINE.	4
BARTHELEMY.	9	LA HARPE	1
BEAUMARCHAIS.	4	LA ROCHEFOUCAULD.	1
BERNARD.	1	LE BRUN.	2
BERNARDIN DE S.-PIERRE.	2	LE SAGE.	13
BERN'S.	2	MAINTENON (Mad. de).	2
BERTIN.	2	MALFILATRE.	1
BOILEAU.	2	MALHERBE	1
BOSSUET.	3	MARMONTEL.	9
BOUFFLERS (le chevalier de).	2	MAROT	1
CERVANTES.	9	MASSILLON	1
CHAMFORT.	2	MILLE ET UNE NUITS.	9
CHARRON.	8	MILTON.	2
CODES (les six)	2	MOLIERE.	8
COLARDEAU.	2	MONTAIGNE (Essais de).	9
COLLIN D'HARLEVILLE.	4	MONTESQUIEU.	9
CONDORCET.	2	MORALE EN ACTION.	1
CORNEILLE (P. et TH.).	5	NICOLLE	1
COTTIN (Mad.).	12	ORAISONS FUNEBRES	5
CREBILLON.	3	PARNY.	2
DELILLE.		PAROISSIEN COMPLET.	1
DEMOUSTIER.	6	PASCAL.	4
DESHOULIERES (Mad. et Mlle).	2	PERRAULT.	1
DESTOUCHES	5	PIRON.	2
DICTIONNAIRE DE LA FABLE.	2	PRÉVOST.	1
Id. DE LA LANGUE FRANÇ.	2	PLUTARQUE.	18
Id. GEOGRAPHIQUE.	2	RABELAIS.	6
DUCIS.	3	RACINE.	4
DUCLOS.	1	RACINE (Louis).	1
DUPATY.	2	REGNARD.	6
FENELON.	5	GRENIER	1
FIELDING.	4	RICHARDSON	12
FLORIAN.	11	RICCOBONI (Mad.).	9
FOE.	4	ROUSSEAU (J B).	2
FONTAINE (Mad. de).	1	ROUSSEAU (J J).	16
FONTENELLE.	1	SAINT-LAMBERT.	1
FRANKLIN.	1	SAINT-REAL.	1
GILBERT.	2	SCARRON.	3
GOETHE	1	SEVIGNE (Mad. de).	3
GRAFFIGNY (Mad de)	2	STERNE.	6
GRAMMAIRE FRANÇAISE.	1	SWIFT.	4
GRESSET.	2	TASSE	2
HAMILTON.	2	TENCIN (Mad).	5
HELVETIUS.	3	VERTOT.	7
HOMERE.	8	VAUVENARGUES.	2
LA BRUYERE.	3	VOLTAIRE.	46
LA FAYETTE (Mad. de).	5		

(*Il paraît un Volume tous les lundis.*)

IMPRIMERIE DE BIGNOUX, RUE DES FRANCS-BOURGEOIS-S.-MICHEL, N° 8.

www.ingramcontent.com/pod-product-compliance
Lightning Source LLC
Chambersburg PA
CBHW060123170426
43198CB00010B/1004